CAROLIN NEUSTEDT

Selbstregulation für Kinder

Für Fragen und Anregungen:
info@edition-lunerion.de
Auflage 2023

Inhalt

Auf dem Weg zur Selbstregulation

Herzlich willkommen zu diesem Ratgeber, der Sie und Ihr Kind auf dem Weg zu mehr Selbstregulation und einer stärkeren Eltern-Kind-Bindung begleitet. Sie fragen sich vielleicht, was Selbstregulation überhaupt ist und warum sie gerade im Grundschulalter so bedeutsam ist. Keine Sorge, all diese Fragen werden in den kommenden Kapiteln ausführlich beantwortet.

Das Buch ist in verschiedene Abschnitte unterteilt, die jeweils einen speziellen Fokus haben. Zunächst werden Sie in die Grundlagen der Selbstregulation eingeführt. Sie erfahren, was unter diesem Begriff zu verstehen ist und warum er gerade für Kinder im Grundschulalter so relevant ist. Darüber hinaus wird die Rolle des spielerischen Lernens beleuchtet und es werden konkrete Tipps gegeben, wie Sie als Eltern die Entwicklung dieser Fähigkeiten unterstützen können.

Im nächsten Abschnitt dreht sich alles um Emotionsregulation. Hierzu werden Ihnen verschiedene Übungen und Spiele vorgestellt, die Spaß machen und gleichzeitig die emotionale Intelligenz Ihres Kindes fördern – von Memory-Spielen, die auf die Erkennung von Emotionen abzielen, bis hin zu kreativen Ausdrucksübungen wie dem Malen von Gefühlsbildern.

Aber damit nicht genug. Später können Sie sich auch der Steigerung von Fokus und Konzentration widmen. Hier finden Sie Übungen, die die Aufmerksamkeit schärfen und das Gedächtnis trainieren. Ob durch Naturbeobachtung oder spezielle Bewegungsspiele, die Möglichkeiten sind vielfältig.

Das Arbeitsgedächtnis kommt ebenfalls nicht zu kurz. Mit Denkspielen wie dem Merken von Zahlenreihen oder dem Lösen von Buchstaben-Puzzles wird das Gedächtnis auf spielerische Weise gefordert und gefördert.

Impulskontrolle ist ein weiteres Thema, das in diesem Buch ausführlich behandelt wird. Spiele und Übungen, die auf die Kontrolle von Bewegungen und das Anhalten auf Kommando abzielen, werden vorgestellt und erklärt.

Der Höhepunkt des Buches ist die 30-tägige Selbstregulationschallenge für Kinder und Eltern. In dieser Zeit werden Sie gemeinsam eine Reihe von Übungen und Aktivitäten durchführen, die darauf abzielen, die Selbstregulationsfähigkeiten und die Bindung zwischen Ihnen und Ihrem Kind zu stärken.

Zum Abschluss des Buches erhalten Sie eine Zusammenfassung der gemeinsamen Erfahrungen und eine Ermutigung, die erlernten Fähigkeiten und Übungen in den Alltag zu integrieren.

Sie sehen, es erwartet Sie ein umfangreiches und praxisorientiertes Programm. Lassen Sie uns also ohne Umschweife beginnen!

Einführung in die Selbstregulation

Was ist Selbstregulation?

Definition:
Selbstregulation ist die Kunst, sowohl innere Zustände wie Emotionen, Gedanken und Impulse als auch äußere Handlungen und Reaktionen bewusst und zielgerichtet zu steuern. Wenn Ihr Kind diese Fähigkeit entwickelt, wird es besser in der Lage sein, sich an verschiedene Situationen anzupassen und Herausforderungen zu meistern. Es geht nicht nur darum, Impulse zu kontrollieren, sondern auch darum, langfristige Ziele im Blick zu behalten und kluge Entscheidungen zu treffen.

Es geht nicht nur darum, Emotionen zu kontrollieren, sondern auch darum, Gedanken zu ordnen und Verhaltensweisen anzupassen. Diese Fähigkeit ist entscheidend, um sich flexibel an unterschiedliche Situationen anpassen, Herausforderungen bewältigen und langfristige Ziele erreichen zu können.

Für Kinder hat die Selbstregulation besondere Bedeutung. In einer intensiven Entwicklungsphase wachsen sie nicht nur körperlich, sondern auch emotional und kognitiv. Das kindliche Gehirn zeigt in dieser Lebensphase eine hohe Formbarkeit und Aufnahmefähigkeit für neue Lernprozesse. Die Phase stellt somit eine einmalige Gelegenheit dar, solide Grundlagen für ausgeprägte Fähigkeiten zur Selbstregulation zu schaffen.

In dieser Lebensspanne erlernen Kinder die Identifikation ihrer Emotionen und den Ausdruck derselben in gesellschaftlich akzeptierter Form. Sie beginnen, zu verstehen, dass Handlungen Konsequenzen nach sich ziehen, seien sie positiv oder negativ. Die Fähigkeit, die Aufmerksamkeit gezielt zu lenken, entwickelt sich ebenfalls und ist für den schulischen Erfolg entscheidend. Die Kontrolle von Impulsen wird ebenso geübt, was die soziale Interaktion und die Fähigkeit zur Zusammenarbeit fördert.

Definition von Selbstregulation bei Kindern

Selbstregulation bei Kindern ist ein dynamischer Prozess, der weit mehr als nur die Kontrolle von Emotionen umfasst. Es handelt sich um einen fortlaufenden Lernprozess, der die Entwicklung verschiedener Schlüsselkompetenzen beinhaltet. Diese Kompetenzen sind entscheidend für die emotionale, soziale und kognitive Entwicklung des Kindes und haben weitreichende Auswirkungen auf sein zukünftiges Wohl. Im Folgenden werden die verschiedenen Aspekte der Selbstregulation bei Kindern im Detail betrachtet:

Kontrolle von Emotionen

Emotionale Selbstregulation ist ein grundlegender Aspekt im Leben eines Kindes. Kinder lernen nicht nur, ihre Gefühle zu erkennen, sondern auch, sie zu benennen und zu verstehen. Dies ist der erste Schritt zur emotionalen Intelligenz. Sie entwickeln Strategien, um mit einer Vielzahl von Emotionen umzugehen. Dabei lernen sie, wie sie ihre Reaktionen auf Freude, Begeisterung, Wut, Traurigkeit und Frustration steuern können. Sie üben, wie sie ihre Gefühle in einer für sie und andere akzeptablen Weise ausdrücken können, ohne sich oder andere zu verletzen.

Lenkung der Aufmerksamkeit

Die Fähigkeit, die Aufmerksamkeit bewusst zu lenken, ist ein weiterer wichtiger Baustein der Selbstregulation. Kinder lernen, ihre Konzentration gezielt auf eine Aufgabe, ein Spiel oder eine Aktivität zu richten. Sie üben, sich nicht von externen Faktoren wie Geräuschen oder anderen Menschen, aber auch nicht von inneren Gedanken oder Gefühlen ablenken zu lassen. Diese Fähigkeit ist nicht nur für den schulischen Kontext wichtig, sondern auch für die Bewältigung alltäglicher Herausforderungen.

Anpassung des Verhaltens

Kinder lernen, ihr Verhalten flexibel an unterschiedliche Situationen und Anforderungen anzupassen. Sie üben, ihre Impulse zu kontrollieren, was besonders in sozialen Interaktionen wichtig ist. Sie lernen auch, Entscheidungen zu treffen, die zu positiven Ergebnissen führen. Dies beinhaltet das Abwägen von verschiedenen Handlungsoptionen, das Treffen einer Entscheidung und das Übernehmen der Verantwortung für die daraus resultierenden Konsequenzen.

Zielsetzung und Planung

Die Fähigkeit zur Zielsetzung und Planung ist ein weiterer wichtiger Aspekt der Selbstregulation. Kinder lernen, realistische und erreichbare Ziele zu setzen. Sie üben, konkrete Schritte zu planen, um diese Ziele zu erreichen, und lernen, ihre Fortschritte zu überwachen. Wenn nötig, passen sie ihre Strategien an, um ihre Ziele dennoch erreichen zu können.

Verknüpfung mit anderen Fähigkeiten

Selbstregulation ist nicht nur eine isolierte Fähigkeit, sondern steht in enger Wechselwirkung mit anderen Schlüsselkompetenzen, die für die persönliche und soziale Entwicklung eines Kindes wichtig sind. Dazu gehören Geduld, die Fähigkeit, Frustrationen zu bewältigen, Ausdauer bei schwierigen Aufgaben, Empathie gegenüber anderen und soziale Fähigkeiten wie Teamarbeit und

Konfliktlösung. Diese Fähigkeiten sind nicht nur ergänzende Aspekte, sondern sie verstärken auch die Effektivität der Selbstregulation. Zum Beispiel kann ein Kind, das gelernt hat, geduldig zu sein, seine Impulse besser kontrollieren, was wiederum seine sozialen Interaktionen verbessert.

Rolle der Bezugspersonen

Bezugspersonen wie Eltern, Lehrer und Betreuer spielen eine entscheidende Rolle in der Entwicklung der Selbstregulationsfähigkeiten eines Kindes. Sie sind nicht nur Vorbilder, sondern auch Anleiter und Unterstützer. In einer sicheren und förderlichen Umgebung können sie durch gezielte Anleitung und Übungen den Kindern helfen, ihre Selbstregulationsfähigkeiten zu entdecken und zu schärfen. Positive Verstärkung, konstruktives Feedback und gezielte Herausforderungen sind Werkzeuge, die Bezugspersonen nutzen können, um den Lernprozess zu unterstützen. Ihre Rolle ist nicht nur reaktiv, sondern auch proaktiv, indem sie Situationen schaffen, in denen die Kinder ihre Fähigkeiten üben und verbessern können.

Die Bedeutung von Emotionskontrolle und Aufmerksamkeit

Die Kontrolle von Emotionen und die gezielte Lenkung der Aufmerksamkeit sind zentrale Elemente der Selbstregulation, die weitreichende Konsequenzen für die Entwicklung und das Wohlbefinden eines Kindes haben. Fangen wir mit der Kontrolle von Emotionen an: Diese Kompetenz ist nicht nur für das seelische Gleichgewicht des Kindes essenziell, sondern auch für dessen soziale Entfaltung. Forschungsarbeiten belegen, dass Kinder mit effektiver Emotionsregulation eine erhöhte Widerstandsfähigkeit gegenüber Stress aufweisen. Zudem sind sie weniger anfällig für psychische Beschwerden wie Angstzustände oder Depressionen. Die Fähigkeit, Gefühle angemessen zu kommunizieren, erleichtert zudem den Aufbau positiver Beziehungen zu Gleichaltrigen und Erwachsenen. Die gezielte Lenkung der Aufmerksamkeit stellt einen weiteren wichtigen Aspekt der Selbstregulation dar, der häufig unterschätzt wird. In einer von Informationsüberflutung und zahllosen Ablenkungen geprägten Welt ist die Kompetenz, die Aufmerksamkeit bewusst zu steuern, von unschätzbarem Wert. Neurowissenschaftliche Untersuchungen weisen darauf hin, dass die Kontrolle der Aufmerksamkeit mit der Aktivität in spezifischen Gehirnarealen, vor allem dem präfrontalen Kortex, in Verbindung steht. Diese Kompetenz spielt nicht nur eine Rolle für den schulischen Erfolg, sondern beeinflusst auch die allgemeine Lebensführung positiv. Kinder mit einer effektiven Kontrolle ihrer Aufmerksamkeit verfügen über ausgeprägte Problemlösungsfähigkeiten und sind besser in der Lage, kreative und innovative Lösungsansätze für Herausforderungen zu entwickeln. Ein besonders spannender Punkt ist die wechselseitige Beziehung zwischen Emotionskontrolle und Lenkung der Aufmerksamkeit. Kinder, die in der Lage sind, ihre Emotionen zu kontrollieren, finden es oft leichter, ihre Aufmerksamkeit auf eine bestimmte Aufgabe zu richten. Das liegt daran, dass ein emotional ausgeglichener Zustand eine günstige Voraussetzung für konzentriertes und fokussiertes Arbeiten schafft. Umgekehrt profitieren Kinder, die ihre Aufmerksamkeit gut steuern können, auch in emotional herausfordernden Situationen. Sie sind weniger anfällig für Ablenkungen durch emotionale Reize und können sich besser auf ihre aktuellen Aufgaben und Ziele konzentrieren.

Langfristige Vorteile für die persönliche Entwicklung

Die Fähigkeit zur Selbstregulation hat weitreichende positive Auswirkungen auf die gesamte Lebensspanne eines Kindes. Kinder, die diese Schlüsselkompetenz früh erlernen, sind besser gerüstet, um die Herausforderungen und Chancen des Erwachsenenlebens zu meistern. Sie weisen nicht nur eine höhere schulische Leistung auf, sondern entwickeln auch stärkere soziale Fähigkeiten und neigen weniger zu riskantem Verhalten wie Drogenmissbrauch.

Schulische und berufliche Leistung

Ein zentraler Aspekt sind die schulischen Leistungen. Kinder, die über ausgeprägte Selbstregulationsfähigkeiten verfügen, zeichnen sich durch eine bessere Konzentration, ein höheres Engagement und mehr Ausdauer bei schulischen Herausforderungen aus. Diese Qualitäten sind nicht nur für den schulischen Werdegang von Bedeutung, sondern bilden auch die Basis für eine erfolgreiche berufliche Laufbahn. Untersuchungen belegen, dass Individuen, die bereits in der Kindheit die Kunst der Selbstregulation erlernen, im Berufsalltag erfolgreicher agieren. Sie zeichnen sich durch Teamfähigkeit aus, passen sich flexibel an und stellen sich effizient auf neue Arbeitsumgebungen ein.

Emotionale Widerstandsfähigkeit

Ein weiterer entscheidender Faktor ist die emotionale Resilienz. Kinder, die die Steuerung ihrer Emotionen und Stressreaktionen erlernen, sind besser auf die Unwägbarkeiten des Lebens vorbereitet. Sie bewältigen Rückschläge und Enttäuschungen mit einer erhöhten Gelassenheit und bewahren selbst in schwierigen Zeiten eine stabile psychische Verfassung. Dies gewinnt an Bedeutung, da psychische Herausforderungen wie Angstzustände oder Depressionen zunehmend an Relevanz gewinnen.

Körperliche Gesundheit

Die Selbstregulation hat auch eine direkte Auswirkung auf die körperliche Gesundheit. Kinder, die Techniken zur Stressbewältigung wie Tiefenatmung oder Achtsamkeit erlernen, können ihren Cortisolspiegel senken. Ein niedriger Cortisolspiegel ist mit einem geringeren Risiko für eine Reihe von Gesundheitsproblemen verbunden, einschließlich Herz-Kreislauf-Erkrankungen und bestimmter Arten von Krebs.

Soziale Kompetenzen und Lebensführung

Nicht zuletzt hat die Selbstregulation auch weitreichende Auswirkungen auf die sozialen Fähigkeiten und die allgemeine Lebensführung. Kinder, die ihre Emotionen und Impulse steuern können, sind besser in der Lage, positive Beziehungen zu ihren Altersgenossen und Erwachsenen aufzubauen. Sie sind auch weniger anfällig für riskantes Verhalten, das ihre Gesundheit und ihr Wohlbefinden gefährden könnte. In einer Welt, die immer komplexer und herausfordernder wird, ist die Fähigkeit zur Selbstregulation ein unschätzbares Werkzeug. Sie ermöglicht es Kindern, ein erfolgreiches, gesundes und erfülltes Leben zu führen. Es ist daher von größter Bedeutung, dass diese Fähigkeit von klein auf gefördert wird, um den Kindern die besten Chancen für ihre Zukunft zu geben.

Warum ist Selbstregulation wichtig im Grundschulalter?

Selbstregulation im Grundschulalter wird oft unterschätzt, obwohl es sich um eine entscheidende Entwicklungsphase handelt. Diese Jahre sind für die emotionale, soziale und kognitive Entwicklung eines Kindes von großer Bedeutung. Kinder sind in dieser Zeit besonders empfänglich für Lernprozesse, die ihre Fähigkeit zur Selbstregulation prägen und beeinflussen können. Diese Fähigkeiten sind nicht nur für den schulischen Erfolg entscheidend, sondern legen auch das Fundament für die soziale Interaktion und das allgemeine Wohlbefinden des Kindes. In diesem Kapitel wird die Frage geklärt, warum gerade das Grundschulalter ein so kritischer Zeitpunkt für die Entwicklung der Selbstregulation ist. Dabei werden auch die Herausforderungen beleuchtet, denen Kinder in Bezug auf die Selbstregulation gegenüberstehen können, sowie die Bedeutung der Selbstregulation bei der Bewältigung von Stress und Emotionen.

Bedeutung von Selbstregulation für Schulerfolg und soziale Kompetenz

Selbstregulation im Grundschulalter beeinflusst maßgeblich den schulischen Erfolg und die soziale Kompetenz eines Kindes. In der Schule sind Fähigkeiten wie Aufmerksamkeitskontrolle und Emotionsmanagement unerlässlich. Kinder, die ihre Aufmerksamkeit gezielt lenken können, schneiden in der Regel besser in Tests ab und können komplexere Aufgaben bewältigen. Sie sind auch in der Lage, sich auf den Unterricht zu konzentrieren, selbst wenn Ablenkungen wie Geräusche oder Aktivitäten im Klassenzimmer vorhanden sind. Darüber hinaus hat die Fähigkeit zur Emotionsregulation einen direkten Einfluss auf die soziale Kompetenz. Kinder, die ihre Gefühle angemessen ausdrücken und verstehen können, bauen leichter positive Beziehungen zu ihren

Mitschülern und Lehrern auf. Sie sind auch besser in der Lage, Konflikte zu lösen und Empathie für andere zu zeigen.

Die Fähigkeit zur Selbstregulation ermöglicht es Kindern auch, ihre Impulse zu kontrollieren, was wiederum ihre Fähigkeit zur Zusammenarbeit und Teamarbeit verbessert. Sie lernen, Entscheidungen zu treffen, die zu positiven Ergebnissen führen, und übernehmen die Verantwortung für ihre Handlungen. Dies fördert nicht nur ihr Selbstbewusstsein, sondern auch ihre Fähigkeit, in verschiedenen sozialen Situationen angemessen zu agieren.

Die Selbstregulation ist auch eng mit der Fähigkeit zur Zielsetzung und Planung verknüpft. Kinder, die realistische Ziele setzen und konkrete Schritte zur Erreichung dieser Ziele planen, sind in der Regel erfolgreicher in der Schule und im sozialen Umgang. Sie sind auch besser in der Lage, ihre Fortschritte zu überwachen und bei Bedarf ihre Strategien anzupassen.

Die Fähigkeit zur Selbstregulation im Grundschulalter trägt dazu bei, dass Kinder sowohl in der Schule als auch in sozialen Situationen erfolgreich sind. Sie legt das Fundament für eine Reihe von Fähigkeiten, die für die persönliche und soziale Entwicklung unerlässlich sind.

Herausforderungen, die Kinder in Bezug auf Selbstregulation haben können

Während dieser prägenden Jahre machen Kinder enorme Fortschritte in ihrer emotionalen, kognitiven und sozialen Entwicklung. Doch diese Entwicklungsphase verläuft nicht ohne Herausforderungen. Kinder müssen lernen, eine Vielzahl von Fähigkeiten zu meistern, die für ihre schulische und soziale Integration unerlässlich sind. Diese Herausforderungen sind nicht nur Hürden, sondern auch Gelegenheiten für Wachstum und Reifung. Sie bieten den Rahmen, in dem Kinder lernen, wie sie ihre Emotionen, ihr Verhalten und ihre Gedanken steuern können. Und hier kommt die Selbstregulation ins Spiel. Sie ist wie ein Werkzeugkasten, der Kindern hilft, diese Herausforderungen effektiv zu bewältigen. Aber welche spezifischen Herausforderungen sind das? Lassen Sie uns einen genaueren Blick darauf werfen.

Ablenkbarkeit

In einer reizüberfluteten Welt fällt es Kindern oft schwer, ihre Aufmerksamkeit gezielt zu lenken. Dies beeinträchtigt nicht nur die schulische Leistung, sondern kann auch soziale Interaktionen erschweren.

Impulskontrolle

Die natürliche Neugier von Kindern kann zu impulsivem Verhalten führen. Ohne die Fähigkeit, Impulse zu kontrollieren, entstehen in der Schule Disziplinarprobleme und zu Hause Konflikte mit der Familie.

Emotionsregulation
Kinder sind noch dabei, ein Verständnis für ihre eigenen Gefühle und die der anderen zu entwickeln. Sie können Schwierigkeiten haben, ihre Emotionen in einer gesellschaftlich akzeptierten Weise auszudrücken, was zu sozialen Konflikten und Missverständnissen führt.

Zielsetzung und Planung
Kinder haben oft unrealistische Erwartungen oder setzen sich Ziele, die nicht gut durchdacht sind. Dies kann zu Frustration und Enttäuschung führen, wenn sie ihre Ziele nicht erreichen, und ihr Selbstbewusstsein sowie ihre Motivation beeinträchtigen.

Wechselwirkung mit anderen Lebenskompetenzen
Schwierigkeiten in der Selbstregulation können auch Probleme in anderen Bereichen wie Geduld, Ausdauer und Empathie nach sich ziehen.

Es gibt also eine Vielzahl von Herausforderungen, die Kinder im Grundschulalter in Bezug auf die Selbstregulation erleben können. Diese Herausforderungen sind jedoch nicht unüberwindbar. Mit der richtigen Anleitung und Unterstützung können Kinder diese Fähigkeiten entwickeln und verfeinern, was sowohl ihre schulische als auch ihre soziale Entwicklung positiv beeinflussen wird.

Die Rolle von Selbstregulation bei der Bewältigung von Stress und Emotionen

Die Rolle der Selbstregulation bei der Bewältigung von Stress und Emotionen hat weitreichende Auswirkungen auf die psychische Gesundheit und das allgemeine Wohl eines Kindes. Stress und emotionale Herausforderungen sind unvermeidliche Bestandteile des Lebens. Die Fähigkeit, damit effektiv umzugehen, ist ein entscheidender Faktor für die langfristige Entwicklung und das Wohl eines Kindes.

Stress ist eine natürliche Reaktion des Körpers auf Herausforderungen oder Bedrohungen. Ein gewisses Maß an Stress kann sogar leistungsfördernd sein. Doch chronischer Stress kann zu einer Vielzahl von gesundheitlichen Problemen führen, darunter Schlafstörungen, Angstzustände und Herz-Kreislauf-Erkrankungen. Selbstregulation ermöglicht es Kindern, Stressoren zu erkennen und angemessene Bewältigungsstrategien zu entwickeln. Techniken wie Tiefenatmung, Achtsamkeitsübungen oder positive Selbstgespräche können dazu beitragen, den Stresspegel zu senken und eine bessere emotionale Balance zu finden. Emotionale Herausforderungen sind ebenfalls ein integraler Bestandteil des Lebens eines Kindes. Die Fähigkeit zur Selbstregulation spielt hier eine entscheidende Rolle. Kinder, die gelernt haben, ihre Emotionen zu kontrollieren, können ihre Reaktionen in verschiedenen Situationen besser modulieren. Das ermöglicht konstruktivere Entscheidungen und verbessert die Beziehungen zu anderen Menschen.

Die Fähigkeiten zur Stressbewältigung und zur Emotionskontrolle gehen oft Hand in Hand. Kinder, die effektive Stressbewältigungsstrategien entwickeln, finden es oft auch leichter, ihre Emotionen zu steuern. Umgekehrt können Kinder, die ihre Emotionen effektiv steuern können, besser mit stressigen Situationen umgehen. Sie sind weniger anfällig für die negativen Auswirkungen von Stress und können Herausforderungen mit einer größeren emotionalen Resilienz bewältigen.

Definition: Resilienz

Resilienz bezeichnet die Fähigkeit, mit schwierigen Situationen und Herausforderungen effektiv umzugehen und sich nach Rückschlägen rasch zu erholen. Diese innere Stärke ermöglicht es, Stress und Probleme besser zu bewältigen. Resilienz ist nicht nur eine angeborene Eigenschaft, sondern kann auch durch persönliche Entwicklung und soziale Unterstützung gestärkt werden. Persönliche Eigenschaften wie Optimismus und Selbstvertrauen sowie soziale Faktoren wie familiäre Unterstützung und Freundschaften spielen dabei eine wichtige Rolle.

Resilienz geht über das bloße „Durchhalten" hinaus. Sie umfasst die Art und Weise, wie Herausforderungen bewältigt, wie darauf reagiert und was daraus gelernt wird. Diese Fähigkeit kann in jedem Lebensalter entwickelt und verbessert werden und ist in verschiedenen Lebensbereichen von Nutzen – im Umgang mit Alltagsstress, in der schulischen Laufbahn, im Berufsleben und in persönlichen Beziehungen.

Die Entwicklung dieser Fähigkeiten ist ein fortlaufender Prozess, der durch Interaktion mit der Umwelt, Erziehung und eigene Erfahrungen geformt wird. In diesem Kontext spielen Eltern und andere Bezugspersonen eine entscheidende Rolle. Durch gezielte Anleitung und Unterstützung können sie ihren Kindern helfen, die notwendigen Fähigkeiten zur Selbstregulation zu entwickeln und zu festigen.

Die Bedeutung spielerischen Lernens für Kinder

Spielerisches Lernen im Kindesalter ist eine hilfreiche und effektive Methode, die den Grundstein für die gesamte Entwicklung eines Kindes legt. In einer Zeit, in der Bildungssysteme zunehmend auf standardisierte Tests und Leistungsmessungen ausgerichtet sind, bietet das Spiel eine erfrischende Abwechslung. Es ermöglicht Kindern, die Welt um sie herum auf eine Weise zu erkunden, die ihrer natürlichen Neugier und ihrem Entdeckungsdrang entspricht. Doch was macht das Spiel so effektiv? Es fördert nicht nur die kognitive Entwicklung, sondern auch die emotionale und soziale Intelligenz. Kinder lernen durch Spiele, wie sie mit anderen interagieren, wie sie Probleme lösen und wie sie ihre Kreativität einsetzen können. Sie entwickeln dabei auch eine positive Einstellung zum Lernen, die sie auf ihrem weiteren Bildungsweg begleiten wird. In diesem Kapitel erfolgt eine intensive Auseinandersetzung mit den vielfältigen Vorteilen des Lernens durch Spiele und Aktivitäten. Dabei geht es nicht nur um den Erwerb von Wissen, sondern auch um die Entwicklung einer positiven Einstellung zum Lernen selbst. Durch die Kombination von Spaß und Bildung entsteht eine motivierende Lernumgebung, die Kinder dazu anregt, ihre natürliche Neugier und ihren Entdeckungsdrang auszuleben. So wird die Grundlage für ein lebenslanges Lernen und eine umfassende persönliche Entwicklung gelegt.

Dieses Kapitel bietet Ihnen einen tiefgehenden Einblick in die Mechanismen, die das Lernen durch Spiel so wirkungsvoll machen. Es zeigt auf, wie eine spielerische Herangehensweise nicht nur die Motivation steigert, sondern auch die Fähigkeit zur Problemlösung und zur kreativen Denkweise fördert. Darüber hinaus wird erörtert, wie eine positive und anregende Lernumgebung geschaffen werden kann, die den individuellen Bedürfnissen und Fähigkeiten jedes Kindes gerecht wird. So wird deutlich, dass das Spiel eine Schlüsselkomponente für eine ganzheitliche Bildung ist, die mehr ist als das bloße Auswendiglernen von Fakten.

Vorteile des Lernens durch Spiele und Aktivitäten

Spielerisches Lernen und intrinsische Motivation

Spielerisches Lernen beeinflusst nicht nur den Wissenserwerb Ihrer Kinder, sondern berührt auch viele andere Aspekte ihrer Entwicklung. Ein entscheidender Vorteil ist die natürliche Motivationssteigerung, die bei Kindern auftritt, wenn sie durch Spiele und Aktivitäten lernen. Im Gegensatz zu herkömmlichen Lernmethoden, die oft von äußeren Anreizen wie Noten oder Belohnungen abhängig sind, ziehen Spiele und Aktivitäten die intrinsische Motivation der Kinder an. Diese Art der inneren Motivation fördert ein tiefes Engagement im Lernprozess. Ihr Kind wird nicht nur bereit sein, sich der Lernaufgabe zu stellen, sondern es wird dies mit einer Konzentration und Begeisterung tun, die in traditionellen Lernumgebungen selten zu finden ist.

Beispiel

Stellen Sie sich vor, Ihr Kind hat Schwierigkeiten in Mathematik. Anstatt es mit Arbeitsblättern zu überfordern, könnten Sie ein Spiel einsetzen, das auf das Erkennen und Zuordnen geometrischer Formen abzielt. Ihr Kind ist so sehr in das Spiel vertieft, dass es kaum bemerkt, wie viel es dabei lernt. Die intrinsische Motivation entsteht hier durch den Wunsch, das Spiel zu meistern, und nicht durch die Furcht vor einer schlechten Note.

Ihr Kind wird vollständig in die Aktivität eintauchen, das Zeitgefühl verlieren und sich weniger leicht ablenken lassen. Das positive Erlebnis des Lernens durch Spiel kann auch das Selbstvertrauen Ihres Kindes stärken. Es wird das befriedigende Gefühl erleben, eine Herausforderung gemeistert zu haben, wie im Beispiel mit den geometrischen Formen. Dieses Erfolgserlebnis wird es motivieren, sich neuen Lernherausforderungen zu stellen. Eine solche Abfolge von positiven Erfahrungen und gesteigerter Lernbereitschaft kann die Einstellung Ihres Kindes zum Lernen nachhaltig verbessern.

Kreativität und Problemlösung

Die Förderung der Kreativität ist ein signifikanter Pluspunkt des spielerischen Lernens. In der sicheren Umgebung eines Spiels hat Ihr Kind die Freiheit, unterschiedliche Ansätze und Strategien zu testen. Nehmen wir als Beispiel ein Spiel, in dem es darum geht, eine Insel mit begrenzten Ressourcen zu überleben.

Beispiel

Ihr Kind könnte hier verschiedene Überlebensstrategien ausprobieren, von der Nahrungssuche bis hin zum Bau von Schutzräumen. Die Angst vor Fehlern oder Versagen tritt in den Hintergrund, was den idealen Nährboden für kreative Fähigkeiten bietet. Ihr Kind wird dazu angeregt, unkonventionelle Lösungen zu finden, kreative Verknüpfungen zu machen und seine Fantasie zur Problemlösung einzusetzen.

Aber die Vorteile des spielerischen Lernens beschränken sich nicht nur auf das Ausprobieren von verschiedenen Lösungswegen. Vielmehr erweitert es die Fähigkeit Ihres Kindes, komplexe Fragestellungen zu analysieren und aus vielfältigen Perspektiven zu betrachten. So lernt Ihr Kind, sein Denken flexibel zu gestalten, und erkennt, dass es oft mehr als eine mögliche Antwort oder Lösung für eine Frage oder ein Problem gibt. Diese Fähigkeit zur vielseitigen Problemlösung ist ungemein wertvoll und findet Anwendung in zahlreichen Lebensbereichen – von der schulischen Bildung bis hin zur beruflichen Laufbahn.

Soziale Kompetenzen und Teamarbeit

Die Steigerung der sozialen Kompetenz ergibt sich als weiterer Vorteil aus dem spielerischen Lernen.

> Beispiel
>
> Im Kontext eines Spiels, etwa eines Brettspiels wie „Die Siedler von Catan“, wird Ihr Kind oft Teil eines Teams oder einer Gruppe sein. Diese Erfahrung ermöglicht es Ihrem Kind, die Feinheiten der Teamarbeit zu verstehen. Ihr Kind erfährt, wie effektive Kommunikation funktioniert, wie Kompromisse geschlossen werden und wie Entscheidungen im Konsens getroffen werden. Solche Erfahrungen sind wertvolle Lektionen in der Kunst der Kooperation und des Zusammenhalts, die Ihr Kind in der Familie, in der Schule und im späteren Leben nutzen kann.

Konfliktlösung ist ein weiteres Schlüsselelement, das im Spiel erlernt wird. Kinder werden unweigerlich auf Meinungsverschiedenheiten oder Streitigkeiten stoßen, sei es über die Regeln des Spiels oder die nächste Spielaktion. Diese Momente bieten eine ausgezeichnete Gelegenheit, Konfliktlösungsstrategien zu üben. Sie lernen, ihre eigenen Standpunkte klar und respektvoll zu kommunizieren, die Perspektive anderer zu verstehen und einen Mittelweg zu finden, der für alle Beteiligten akzeptabel ist.

Regeln und Kommunikationsfähigkeiten

Im Spiel entdecken Kinder schnell, dass Regeln nicht bloße Einschränkungen darstellen. Vielmehr schaffen sie Strukturen, die ein faires und angenehmes Miteinander ermöglichen. Diese Erkenntnis ebnet den Weg für ein besseres Verständnis komplexerer sozialer Strukturen und Normen in der Gesellschaft.

> Beispiel
>
> Nehmen Sie ein einfaches Brettspiel wie „Mensch ärgere Dich nicht“. Ihr Kind lernt hier, dass es warten muss, bis es an der Reihe ist, und dass es bestimmte Regeln gibt, wie man eine Spielfigur bewegt. Wenn alle sich an die Regeln halten, ist das Spiel fair und macht Spaß. Verstößt jedoch jemand gegen die Regeln, kann das den Spielspaß für alle mindern. So wird Ihrem Kind bewusst, dass Regeln eine Funktion haben und für ein harmonisches Miteinander sorgen.

Kommunikationsfähigkeiten profitieren ebenfalls von der Interaktion im Spiel. Kinder üben, Gedanken und Ideen klar auszudrücken, Fragen zu stellen und den Beiträgen anderer Aufmerksamkeit zu schenken. Diese Fähigkeiten tragen nicht nur zum Gelingen des Spiels bei, sondern fördern auch die allgemeine soziale und emotionale Entwicklung Ihres Kindes.

Spielerisches Lernen dient somit als umfassende Plattform für die Entwicklung sozialer Kompetenzen. Von Teamarbeit und Konfliktlösung bis hin zu Empathie und Kommunikation bietet es Ihrem Kind eine breite Palette an Fähigkeiten, die es auf zahlreiche soziale Interaktionen und Herausforderungen im weiteren Lebensverlauf vorbereiten.

Kognitive und körperliche Entwicklung

Spielerisches Lernen fördert die kognitive Entwicklung Ihres Kindes auf vielfältige Weise. Im Spiel begegnen Kinder Herausforderungen, die das Gedächtnis trainieren. Ob es nun darum geht, sich an die Regeln eines neuen Spiels zu erinnern oder die nächsten Züge eines Gegners vorauszusehen, das Gedächtnis steht im Mittelpunkt. Durch wiederholtes Üben steigert Ihr Kind seine Gedächtniskapazität, was nicht nur im Spiel, sondern auch in schulischen Situationen nützlich ist.

> Beispiel
>
> Stellen Sie sich ein Memory-Spiel vor. Ihr Kind muss sich die Position von Kartenpaaren merken. Jedes Mal, wenn ein Paar gefunden wird, wird es aus dem Spiel genommen. Dies trainiert das Kurzzeitgedächtnis und fördert die Aufmerksamkeit.

Spielerische Aktivitäten sind auch eine hervorragende Gelegenheit für körperliche Bewegung. Bewegung fördert nicht nur die allgemeine Gesundheit, sondern verbessert auch die Durchblutung und damit die Sauerstoff- und Nährstoffversorgung des Gehirns. Dies steigert die kognitive Leistung und fördert Fähigkeiten wie Gedächtnis und Problemlösung. Endorphine, oft als „Glückshormone" bezeichnet, werden durch körperliche Aktivität freigesetzt. Sie heben die Stimmung und erzeugen ein Gefühl des Wohlbefindens. Zudem wirken sie als natürliche Stressabbauer, was in einer Lernumgebung, in der Kinder oft mit neuen und manchmal herausfordernden Konzepten konfrontiert werden, von Vorteil ist. In einer solchen positiven Lernatmosphäre sind Kinder eher bereit, sich auf das Lernen einzulassen, Fragen zu stellen und neue Konzepte zu erforschen. Sie sind auch offener für Feedback und lernen aus ihren Fehlern, was den Lernprozess weiter fördert. Die körperliche Aktivität im Spiel hilft zudem bei der Entwicklung motorischer Fähigkeiten. Ob Ihr Kind nun einen Ball wirft, auf einem Balken balanciert oder auf einem Spielplatz klettert, all diese Aktivitäten verfeinern die grob- und feinmotorischen Fähigkeiten. Diese Fähigkeiten sind nicht nur für sportliche Aktivitäten nützlich, sondern auch für alltägliche Aufgaben wie das Schreiben oder das Binden von Schuhen.

Schaffung einer positiven Lernumgebung für Kinder

Die Bedeutung der physischen Umgebung

Die physische Umgebung nimmt eine nicht zu unterschätzende Funktion bei der Schaffung einer positiven Lernatmosphäre für Kinder ein. Sie dient nicht nur als physischer Raum, in dem das Lernen stattfindet, sondern beeinflusst auch maßgeblich die emotionale und kognitive Entwicklung der Kinder. Ein gut gestalteter Lernraum kann die Konzentration steigern, die Kreativität fördern und ein Gefühl der Sicherheit und des Wohlbefindens vermitteln. Dabei sind es oft die scheinbar kleinen Details – von der Farbwahl über die Anordnung der Möbel bis hin zur Art der verfügbaren Lernmaterialien –, die eine große Wirkung auf die Lernbereitschaft und das allgemeine Wohlgefühl der Kinder haben können.

Einrichtung und Gestaltung des Lernraums

Die Einrichtung und Gestaltung des Lernraums haben einen direkten Einfluss auf die Lernbereitschaft und das Engagement der Kinder. Dabei sind es nicht nur die großen Möbelstücke, die zählen, sondern auch die kleineren Elemente, die oft übersehen werden:

- Helle Farben wie Blau oder Grün können eine beruhigende Wirkung haben und die Konzentration fördern. Es lohnt sich, Wände in solchen Farbtönen zu streichen oder farbige Akzente durch Poster und Dekorationen zu setzen.
- Ausreichende Beleuchtung ist ebenso essenziell. Tageslicht ist ideal, aber wenn das nicht möglich ist, sollten energieeffiziente LED-Lampen verwendet werden, die ein natürliches Lichtspektrum imitieren. Verstellbare Lampen können zudem dabei helfen, den Lichtfokus je nach Aktivität anzupassen.
- Die Raumaufteilung sollte klar und logisch sein. Ein gut organisierter Raum mit klar definierten Bereichen für verschiedene Aktivitäten erleichtert den Übergang von einer Lernaufgabe zur nächsten. Zum Beispiel könnte ein Bereich für ruhige Aktivitäten wie Lesen und Schreiben eingerichtet werden, während ein anderer Bereich für kreative oder handwerkliche Tätigkeiten reserviert ist.
- Möbel sollten ergonomisch und altersgerecht sein. Verstellbare Stühle und Tische ermöglichen eine bessere Anpassung an die Körpergröße des Kindes und fördern eine gesunde Haltung.
- Ablenkungen sollten minimiert werden. Fernseher und andere elektronische Geräte, die nicht für den Lernprozess benötigt werden, sollten aus dem Raum entfernt oder zumindest ausgeschaltet sein, um die Konzentration nicht zu stören.

Materialien und Ressourcen

Die Auswahl der Lernmaterialien und -ressourcen sollte sorgfältig getroffen werden, da sie einen wesentlichen Einfluss auf die Lernmotivation und den Lernerfolg haben. Abwechslungsreiche, altersgerechte und ansprechende Materialien können die Neugier und den Entdeckungsdrang der Kinder fördern.

- **Bücher** in verschiedenen Genres und Schwierigkeitsgraden bereichern die Auswahl. Von Bilderbüchern für die Jüngeren bis hin zu Sachbüchern für die Älteren deckt die Palette viele Interessen ab. Ein leicht zugängliches Bücherregal ermutigt Kinder zum selbstständigen Lesen.
- **Spielzeuge** wie Bausteine, Puzzles und Lernspiele fördern die kognitive Entwicklung. Sie sind sicher, leicht zu reinigen und einfach zu verstauen. Ein eigener Bereich für diese Spielzeuge trägt zur Ordnung im Raum bei.
- **Digitale Medien** wie Tablets bieten Vorteile, vor allem bei interaktiven Lernspielen und Apps mit Bildungsfokus. Dabei ist es ratsam, die Bildschirmzeit zu überwachen und zu begrenzen, damit sie den Lernprozess ergänzt und nicht stört.
- **Künstlerische Materialien** wie Farben, Pinsel und Papier stehen zur Verfügung. Ein Kunstbereich fördert die Kreativität und bietet eine willkommene Abwechslung zu anderen Lernaktivitäten.
- **Musikinstrumente** wie kleine Trommeln, Xylophone oder sogar eine einfache Gitarre fördern die musikalische Entwicklung. Musik dient auch als Hintergrund während der Lernzeit und schafft eine angenehme Atmosphäre.
- **Naturmaterialien** wie Blätter, Steine oder Muscheln integrieren sich gut in den Lernraum und ermöglichen spielerische Erkundungen der Naturwissenschaften. Ein kleines Aquarium oder Pflanzen sind ebenso interessante Lernressourcen.

Durch die Bereitstellung einer vielfältigen Auswahl an Materialien und Ressourcen, die verschiedene Lernstile und Interessen berücksichtigen, wird eine anregende Lernumgebung geschaffen. Diese Vielfalt ermöglicht es den Kindern, ihre individuellen Stärken zu entdecken und zu fördern, und macht den Lernprozess abwechslungsreicher und effektiver.

Sicherheit und Zugänglichkeit

Die Gewährleistung eines sicheren und zugänglichen Lernraums ist von höchster Priorität. Alle Möbel und Einrichtungsgegenstände sollten nicht nur sicher und stabil, sondern auch kinderfreundlich gestaltet sein. Hier einige Anregungen:

- **Möbel** mit abgerundeten Ecken minimieren das Risiko von Verletzungen durch Stöße oder Stürze. Zudem sollten alle Möbelstücke fest und stabil stehen, um ein Umkippen zu verhindern. Ein Anti-Rutsch-Belag unter den Möbeln kann zusätzliche Sicherheit bieten.
- **Steckdosen** sollten mit Kindersicherungen versehen sein und alle elektrischen Geräte sollten außerhalb der Reichweite von Kindern aufbewahrt werden. Kabel sollten ordentlich verstaut und gesichert sein, um Stolperfallen zu vermeiden.
- **Regale und Schränke** sollten so angeordnet sein, dass sie leicht zugänglich, aber nicht kippgefährdet sind. Die Verwendung von Wandhalterungen für höhere Möbelstücke kann die Sicherheit erhöhen.
- Für die **Barrierefreiheit** können Rampen anstelle von Treppen oder ein Aufzug installiert werden. Türöffnungen sollten breit genug sein, um den Durchgang mit einem Rollstuhl zu ermöglichen. Haltegriffe in den Sanitärbereichen können zusätzliche Unterstützung bieten.
- **Notausgänge** sollten klar gekennzeichnet und leicht erreichbar sein. Ein Erste-Hilfe-Kasten und ein Feuerlöscher sollten in greifbarer Nähe und für alle sichtbar platziert sein.
- **Bodenbeläge** sollten rutschfest sein, insbesondere in Bereichen, die für Aktivitäten mit Wasser oder anderen Flüssigkeiten genutzt werden. Matten oder Teppiche können zusätzliche Polsterung bieten und das Verletzungsrisiko minimieren.
- Die **Beleuchtung** sollte ausreichend, aber nicht blendend sein, um eine angenehme Lernatmosphäre zu schaffen. Notbeleuchtung für den Fall eines Stromausfalls ist ebenfalls zu empfehlen.

Emotionale und soziale Faktoren

Beziehung zwischen Eltern und Kindern

Die Qualität der Beziehung zwischen Eltern und Kindern beeinflusst nicht nur die emotionale Stabilität, sondern auch die Lernbereitschaft der Kinder. Eine liebevolle und unterstützende Beziehung bietet den Kindern eine solide Grundlage für ihre Entwicklung. Hier einige Anregungen, wie diese Bindung gestärkt werden kann:

- **Gemeinsames Lesen** ist nicht nur eine wunderbare Möglichkeit, die Sprachentwicklung zu fördern, sondern auch eine intime Zeit der Verbindung. Dabei geht es nicht nur um das Vorlesen selbst, sondern auch um die Diskussionen, die sich aus der Geschichte ergeben können. Fragen wie „Wie, denkst du, hat sich die Hauptfigur gefühlt?" oder „Was würdest du in dieser Situation tun?" können tiefergehende Gespräche anregen.
- **Gespräche** sind ein weiteres mächtiges Werkzeug zur Stärkung der Eltern-Kind-Beziehung. Nehmen Sie sich Zeit für tägliche „Herz-zu-Herz"-Gespräche, in denen das Kind seine Gedanken, Sorgen und Erfolge teilen kann. Diese Gespräche sollten in einer ruhigen und störungsfreien Umgebung stattfinden, um dem Kind die volle Aufmerksamkeit schenken zu können.
- **Spielerische Aktivitäten** wie Basteln, Malen oder sogar Kochen können nicht nur Spaß machen, sondern auch die kreative und kognitive Entwicklung fördern. Dabei ist es weniger wichtig, was genau gemacht wird, sondern vielmehr, dass es gemeinsam gemacht wird. Diese Aktivitäten bieten auch die Gelegenheit, Fähigkeiten wie Geduld, Teilen und Teamarbeit zu üben.
- **Einfache Rituale** wie ein Gute-Nacht-Kuss, ein festes Wochenendprogramm oder regelmäßige Familienausflüge schaffen Struktur und Sicherheit. Sie signalisieren dem Kind, dass es geliebt und geschätzt wird, und bieten gleichzeitig Gelegenheiten für gemeinsame Erlebnisse.

Interaktion mit Gleichaltrigen

Die Interaktion mit Gleichaltrigen bietet Kindern eine einzigartige Gelegenheit, ihre sozialen Fähigkeiten zu entwickeln und zu verfeinern. Durch das Zusammenspiel mit anderen Kindern erwerben sie wichtige Fertigkeiten, die sie auf zukünftige soziale Herausforderungen vorbereiten. Hier einige Anregungen, wie diese Interaktionen gefördert werden können:

- **Spieltermine** sind eine ausgezeichnete Möglichkeit, die sozialen Fähigkeiten der Kinder zu fördern. Dabei sollte darauf geachtet werden, dass die Aktivitäten altersgerecht und für alle Beteiligten interessant sind. Ob ein Besuch im Park, ein gemeinsames Bastelprojekt oder ein einfaches Brettspiel, die Auswahl der Aktivität kann den Rahmen für wertvolle soziale Lektionen bieten.
- **Konfliktlösung** ist ein wesentlicher Bestandteil der sozialen Interaktion. Kinder sollten ermutigt werden, ihre Probleme verbal zu artikulieren und nach einer für alle akzeptablen Lösung zu suchen. Ein einfaches Rollenspiel kann hierbei hilfreich sein, um verschiedene Szenarien durchzuspielen und Lösungsstrategien zu üben.
- **Effektive Kommunikation** ist ein weiterer Schlüsselbereich. Kinder sollten ermutigt werden, ihre Gedanken und Gefühle klar und respektvoll auszudrücken. Einfache Spiele wie „Ich sehe was, was du nicht siehst" oder „20 Fragen" können die verbalen Fähigkeiten schärfen und gleichzeitig den Wert des Zuhörens hervorheben.
- **Teilen** und **Teamarbeit** können durch Gruppenaktivitäten gefördert werden. Ob es sich um einen Mannschaftssport, ein Musikprojekt oder ein gemeinsames Kunstwerk handelt, die Zusammenarbeit in einer Gruppe lehrt Kinder, die Bedürfnisse und Fähigkeiten anderer zu respektieren.
- Die Einbeziehung von Kindern in **Gruppenaktivitäten** oder -projekte fördert nicht nur die Teamarbeit, sondern auch das Verständnis für die Dynamik einer Gruppe. Ob es darum geht, eine Aufgabe zu teilen oder eine gemeinsame Entscheidung zu treffen, diese Erfahrungen sind wertvolle Lektionen in der Kunst der Kooperation.

Förderung von Selbstwertgefühl und Resilienz

Ein positives Selbstwertgefühl und die Fähigkeit zur Resilienz sind entscheidende Faktoren für den schulischen und lebenslangen Erfolg. Kinder, die an sich glauben und die Fähigkeit haben, Rückschläge zu bewältigen, sind besser darauf vorbereitet, neue Herausforderungen anzunehmen. Dies wird durch eine Umgebung gefördert, die ihnen erlaubt, Erfolge zu erleben und gleichzeitig sicher zu sein, dass sie Unterstützung erhalten, wenn sie auf Hindernisse stoßen. Durch die Anerkennung ihrer Anstrengungen und Erfolge, nicht nur ihrer Leistungen, wird das Selbstwertgefühl gestärkt. Resilienz wird durch die Erfahrung gefördert, dass Schwierigkeiten überwunden werden können und dass sie in der Lage sind, Lösungen für Probleme zu finden. Hier sind einige konkrete Wege, wie diese wichtigen Eigenschaften gefördert werden können:

- **Loben** Sie Ihre Kinder für ihre Erfolge und erkennen Sie ebenso ihre Anstrengungen und den Einsatz an, den sie zeigen. Ein einfacher Satz wie „Du hast wirklich hart an diesem Projekt gearbeitet" wirkt Wunder.
- **Ermutigen** Sie Ihr Kind, Fehler als Teil des Lernprozesses zu sehen. Bei Schwierigkeiten in einem Fach ist eine Diskussion darüber, was beim nächsten Mal anders gemacht wird, sehr aufschlussreich.
- Spiele, die **kritisches Denken** und **Problemlösungsfähigkeiten** fördern, ermutigen Kinder, Herausforderungen anzunehmen. Rätsel, Geduldsspiele oder einfache Handwerksprojekte sind nützlich.
- Lassen Sie Ihr Kind über seine **Gefühle** sprechen. Regelmäßige Gespräche bei den Mahlzeiten oder vor dem Schlafengehen erleichtern dies. Das Ziel ist, ihnen zu helfen, ihre Emotionen zu verstehen und zu artikulieren.
- **Geschichten** oder **Biografien** von Menschen, die Widrigkeiten überwunden haben, dienen als Inspiration. Diese Geschichten zeigen den Kindern, dass Schwierigkeiten ein Teil des Lebens sind und überwunden werden.
- Bei Konfrontation mit einer schwierigen Situation entwickeln Sie gemeinsam mit Ihrem Kind einen **Aktionsplan**. Dies gibt dem Kind das Werkzeug, um zukünftige Herausforderungen selbstständig zu bewältigen.
- Die Einstellung kleiner, erreichbarer **Ziele** hilft Kindern, ihr Selbstwertgefühl Schritt für Schritt aufzubauen. Jeder kleine Erfolg ist ein Baustein für ein stärkeres Selbstwertgefühl.
- Ein **Tagebuch** oder ein **Gespräch** über die Höhe- und Tiefpunkte des Tages hilft Kindern, ihre Erfahrungen zu reflektieren und zu schätzen, was sie gelernt haben.

Diese emotionalen und sozialen Faktoren tragen wesentlich dazu bei, eine positive Lernumgebung zu schaffen, und beeinflussen die Art und Weise, wie Kinder lernen, sich selbst zu sehen und mit der Welt um sie herum zu interagieren.

Strategien zur Motivationssteigerung

Die Motivation eines Kindes zum Lernen und zur aktiven Teilnahme an Bildungsprozessen wird von verschiedenen Faktoren beeinflusst. Dabei geht es nicht nur um die reine Wissensvermittlung, sondern auch um die emotionale und soziale Entwicklung des Kindes. In diesem Kontext sind verschiedene Strategien und Ansätze hilfreich, um die Lernbereitschaft und das Engagement der Kinder zu fördern. Von der gezielten Verwendung von Belohnungen und positivem Feedback über die sorgfältige Zielsetzung und Fortschrittsüberwachung bis hin zur Anpassung an individuelle Lernstile und Bedürfnisse – all diese Elemente tragen dazu bei, eine motivierende Lernumgebung zu schaffen. Im Folgenden werden diese Schlüsselstrategien detailliert erörtert, um Eltern praktische Anleitungen für den Familienalltag zu bieten.

Einsatz von Belohnungen und positivem Feedback

Der gezielte Einsatz von Belohnungen und positivem Feedback kann Wunder wirken, wenn es darum geht, die Lernmotivation bei Kindern zu fördern. Dabei ist es entscheidend, dass das Lob authentisch und spezifisch ist. Anstatt allgemeiner Komplimente wie „Gut gemacht" könnte man beispielsweise sagen: „Ich sehe, wie viel Mühe du dir beim Lösen dieser Matheaufgabe gegeben hast. Das ist wirklich beeindruckend!" Durch solch präzises Lob fühlt sich das Kind in seinen Anstrengungen gesehen und wertgeschätzt.

Nonverbale Gesten erhalten ebenfalls eine nicht zu unterschätzende Bedeutung. Ein einfaches Kopfnicken oder ein zustimmendes Lächeln dienen bereits als Bestätigung und bestärken das Kind in seinem Tun.

Materielle Belohnungen sind effektiv, aber setzen Sie diese mit Bedacht ein. Ein Belohnungssystem mit einer sichtbaren „Erfolgsleiste" oder einem „Punktekonto" hilft dem Kind, auf ein langfristiges Ziel hinzuarbeiten. Zum Beispiel gibt es für jedes gelesene Buch einen Punkt und nach zehn Punkten folgt eine kleine Belohnung wie ein Ausflug zum Spielplatz.

Passen Sie die Belohnungen an die jeweiligen Interessen und Vorlieben des Kindes an. Ein lesebegeistertes Kind freut sich über ein neues Buch, während ein sportbegeistertes Kind einen neuen Ball als Belohnung schätzt.

Die Kombination dieser verschiedenen Formen von Belohnungen und positivem Feedback schafft eine unterstützende und motivierende Lernumgebung, die das Kind anregt, sich neuen Herausforderungen zu stellen und sein Bestes zu geben.

Zielsetzung und Fortschrittsüberwachung

Die klare Definition von Zielen und die kontinuierliche Überwachung des Fortschritts steigern die Lernmotivation bei Kindern. Wenn Kinder wissen, was sie erreichen möchten, fokussieren sie ihre Anstrengungen besser. Ein präzises Ziel lautet zum Beispiel: „Ich möchte bis zum Ende des Monats alle Multiplikationstabellen bis 10 auswendig können." Dieses Ziel ist spezifisch, messbar, zeitlich begrenzt und realistisch.

Um den Fortschritt sichtbar zu machen, dient eine visuelle Darstellung wie eine Fortschrittstabelle oder ein „Lernbaum", an dem für jede erreichte Etappe ein Blatt angehängt wird. Digitale Tools wie Lern-Apps bieten oft eingebaute Fortschrittsverfolgung und sind eine moderne Alternative für technikaffine Kinder. Der Lernbaum ist nicht nur eine Methode zur Fortschrittsverfolgung, sondern auch eine Möglichkeit, das Kind aktiv in den Lernprozess einzubeziehen und seine Motivation zu steigern.

Binden Sie Kinder aktiv in den Prozess der Zielsetzung ein. Ein gemeinsames Gespräch über die Ziele und die Schritte zu ihrer Erreichung erweist sich oft als sehr aufschlussreich. Fragen wie „Was möchtest du lernen?" oder „Wie erreichen wir das gemeinsam?" geben dem Kind das Gefühl, ein wichtiger Teil des Prozesses zu sein.

Regelmäßige Überprüfungen sind ebenfalls entscheidend. Ein wöchentliches „Zielgespräch" dient dazu, den Fortschritt zu bewerten und gegebenenfalls Anpassungen vorzunehmen. Dabei erhält das Kind die Gelegenheit, seine eigenen Einschätzungen und Wünsche einzubringen.

Durch diese strukturierte Herangehensweise an die Zielsetzung und Fortschrittsüberwachung steigert sich nicht nur die Motivation der Kinder, sondern sie erhalten auch ein Gefühl der Selbstwirksamkeit und des persönlichen Erfolgs.

Anleitung für einen Lernbaum

Ein Lernbaum ist eine kreative und visuelle Methode, um den Lernfortschritt von Kindern darzustellen und zu verfolgen. Er kann auf Papier gezeichnet oder als Wanddekoration gestaltet werden. Hier ist eine einfache Anleitung, wie Sie einen Lernbaum für Ihr Kind erstellen können:

Materialien

- Ein großes Blatt Papier oder eine leere Wandfläche
- Buntstifte oder Filzstifte
- Klebestreifen oder Reißzwecken (für Wandversion)
- Ausgeschnittene Blätter aus Papier oder Post-its
- Ein Stift zum Beschriften

Schritte

- Zeichnen Sie den Stamm und die Äste eines Baumes auf das große Blatt Papier oder direkt auf die Wand. Der Stamm stellt die Basis des Lernziels dar und die Äste sind die verschiedenen Schritte oder Teilziele, die zum Hauptziel führen.
- Besprechen Sie mit Ihrem Kind, welches Hauptziel es erreichen möchte. Dies könnte zum Beispiel das Auswendiglernen der Multiplikationstabellen sein. Schreiben Sie dieses Ziel auf den Stamm des Baumes.
- Zerlegen Sie das Hauptziel in kleinere, erreichbare Teilziele. Diese sind zum Beispiel einzelne Zahlenreihen der Multiplikationstabellen. Schreiben Sie diese Teilziele auf die ausgeschnittenen Blätter oder Post-its.
- Hängen Sie die Blätter mit den Teilzielen an die Äste des Baumes. Ordnen Sie die Blätter in der Reihenfolge an, in der sie erreicht werden.
- Jedes Mal, wenn ein Teilziel erreicht ist, darf das Kind das entsprechende Blatt „ernten", also abnehmen oder mit einem Stift markieren.
- Nutzen Sie die Gelegenheit, um spezifisches und positives Feedback zu geben, wie zum Beispiel: „Deine Ausdauer beim Üben der Fünferreihe hat sich wirklich ausgezahlt!"
- Falls nötig, fügen Sie neue Teilziele hinzu oder passen bestehende an. Dies geschieht in Absprache mit dem Kind.
- Sobald alle Blätter „geerntet" sind, ist das Hauptziel erreicht. Feiern Sie diesen Moment und sprechen Sie darüber, was das Kind als Nächstes erreichen möchte.

Anpassung an individuelle Lernstile und Bedürfnisse

Jedes Kind ist einzigartig und hat eigene Vorlieben und Stärken beim Lernen. Diese Individualität dient als Stärke, um den Lernprozess so zu gestalten, dass er für das jeweilige Kind optimal ist.

Lernstil-Test:

Führen Sie einen einfachen Test durch, um den bevorzugten Lernstil Ihres Kindes zu identifizieren. Es gibt verschiedene Online-Tests, die dafür infrage kommen.

Materialanpassung:

o Visuelle Lerner: Für diese Gruppe könnten beispielsweise Lernkarten mit **Bildern** oder **Mind-Maps** besonders effektiv sein. Nutzen Sie farbige Marker, um wichtige Informationen hervorzuheben, oder erstellen Sie Infografiken und Diagramme.

o Auditive (akustische) Lerner: Nehmen Sie den Unterrichtsstoff auf und spielen Sie ihn während der Freizeit ab. Verwenden Sie **Musik** auch als Gedächtnisstütze.

o Haptische Lerner: Kinder, die haptisch lernen, profitieren möglicherweise von Unterrichtsmaterialien, die sie **anfassen** können, wie geformte Knetmasse oder Bauklötze für mathematische Aufgaben.

Praktische Übungen:

o Für kinästhetische Lerner: Integrieren Sie **Bewegung** in den Lernprozess. Zum Beispiel kann das Kind beim Aufsagen des Alphabets hüpfen.

o Für logische Lerner: Nutzen Sie **Rätsel** oder **Logikspiele**, um das kritische Denken zu fördern.

Flexible Zeitgestaltung:

o Einige Kinder lernen besser in kurzen Intervallen, während andere längere Studienzeiten bevorzugen. Passen Sie die Lernzeit entsprechend an.

Interessen einbeziehen:

o Wenn Ihr Kind eine Leidenschaft für Dinosaurier hat, verwenden Sie diese als Beispiele in Mathematikaufgaben oder beim Lesen.

Feedback-Schleife:

o Fragen Sie regelmäßig nach dem Befinden und den Vorlieben des Kindes. Dies hilft, den Lernprozess kontinuierlich anzupassen.

Elterliche Unterstützung

o Seien Sie als Elternteil flexibel und bereit, verschiedene Ansätze auszuprobieren. Ein Satz wie „Ich sehe, wie gut du das gemacht hast, und ich bin stolz auf dich“ steigert die Motivation erheblich.

Verbindung von Spaß und Bildung zur Förderung der Motivation

Die Verbindung von Spaß und Bildung stellt eine effektive Methode dar, um die Lernmotivation bei Kindern zu fördern. Wenn Kinder Freude am Lernprozess empfinden, steigt nicht nur ihre Bereitschaft, sich mit dem Lernstoff auseinanderzusetzen, sondern auch die Wahrscheinlichkeit, dass sie das Gelernte langfristig behalten. Hier einige Strategien:

Gamification-Elemente nutzen

Gamification, also die Anwendung von Spielelementen in einem nicht-spielerischen Kontext, kann den Lernprozess erheblich aufwerten. Punktesysteme, Levelaufstiege oder kleine Challenges können in den Unterricht integriert werden. So könnte zum Beispiel für jedes richtig gelöste Mathematikproblem ein Punkt vergeben werden und bei einer bestimmten Punktzahl gibt es eine kleine Belohnung.

Kreative Lernmethoden

Kreativität spielt eine wesentliche Funktion bei der Gestaltung eines motivierenden Lernumfelds. Ob es sich um das Schreiben von Geschichten, das Zeichnen von Bildern oder das Erstellen von Modellen handelt, kreative Aktivitäten lockern den Lernstoff auf und sorgen für Abwechslung.

Interaktive Technologie

Digitale Medien bieten zahlreiche Möglichkeiten, den Lernprozess interessanter zu gestalten. Apps und Online-Plattformen bieten oft interaktive Übungen, die den Kindern sofortiges Feedback geben. So werden sie ihre Fehler sofort erkennen und korrigieren, was wiederum zur Selbstmotivation beiträgt.

Natur und Bewegung integrieren

Lernen muss nicht immer am Schreibtisch stattfinden. Ein Spaziergang im Wald kann eine ausgezeichnete Gelegenheit sein, die Flora und Fauna zu erkunden und gleichzeitig das Wissen über Biologie zu vertiefen. Bewegung fördert zudem die Durchblutung und damit die Sauerstoffversorgung des Gehirns, was sich positiv auf die Lernfähigkeit auswirkt.

Gemeinsames Lernen

Die soziale Komponente sollte nicht unterschätzt werden. Gemeinsames Lernen kann die Motivation steigern und bietet die Möglichkeit, von den Stärken der anderen zu profitieren. Gruppenarbeiten oder Lernpartnerschaften können hier besonders effektiv sein.

Schaffung einer konsistenten Routine für tägliche Übungen

Die Etablierung einer regelmäßigen Routine für Übungen und Lernaktivitäten schafft für Kinder ein Gefühl der Struktur und Vorhersehbarkeit, das ihnen hilft, sich mental auf das Lernen einzustellen. Ein festgelegter Zeitplan ist hierbei ein nützliches Werkzeug. Erstellen Sie beispielsweise einen Lernkalender, der für jede Tageszeit eine bestimmte Aktivität vorsieht. Nutzen Sie farbige Markierungen oder Aufkleber, um verschiedene Aktivitäten wie Lesen, Schreiben oder kreative Zeit hervorzuheben. Dies macht den Kalender für das Kind ansprechender und erleichtert das Verständnis für den Tagesablauf. Hier sind einige weitere Tipps:

- Teilen Sie den Tag in verschiedene **Lernblöcke** ein. Ein 30-minütiger Block wird dabei für das Lesen reserviert, gefolgt von einer 15-minütigen Pause für einen gesunden Snack. Ein weiterer Block könnte für mathematische Übungen oder ein naturwissenschaftliches Experiment vorgesehen sein.
- Die **Pausen** sind genauso wichtig wie die Lernzeiten. Planen Sie kurze Bewegungspausen ein, in denen das Kind springen, tanzen oder einfach frische Luft schnappen kann. Diese Pausen dienen als Reset für das Gehirn und helfen, die Konzentration für die nächste Lernphase zu schärfen.
- Ein weiterer Tipp ist die Verwendung einer **Eieruhr** oder einer speziellen Kinderuhr, die das Kind selbst bedienen kann. Dies fördert das Zeitbewusstsein und gibt dem Kind ein Gefühl der Kontrolle über seine Lernzeit.
- Die Einbeziehung von **Freizeitaktivitäten** wie Spielzeit im Freien oder ein Lieblingsfilm am Ende des Tages kann als Belohnung für die Einhaltung der Routine dienen. So wird ein Gleichgewicht zwischen Lernen und Entspannung geschaffen, das für die langfristige Aufrechterhaltung der Motivation unerlässlich ist.

Emotionsregulation durch Spaß und Kreativität

Emotionale Intelligenz ist eine Schlüsselkompetenz, die soziale Beziehungen, akademische Leistungen und letztlich die Lebensqualität beeinflusst. Ein grundlegender Baustein emotionaler Intelligenz ist die Fähigkeit, Emotionen bei sich selbst und anderen zu erkennen und zu benennen. Dies ist besonders für Kinder im Grundschulalter von Bedeutung, da sie sich in einer Phase der intensiven emotionalen und sozialen Entwicklung befinden.

Emotionale Intelligenz umfasst mehrere Fähigkeiten, die eng miteinander verknüpft sind. Dazu gehört die Selbstwahrnehmung, also das Erkennen und Verstehen der eigenen Gefühle. Ebenso relevant ist die Empathie, die Fähigkeit, die Emotionen anderer Menschen zu erkennen und darauf einfühlsam zu reagieren. Darüber hinaus beinhaltet emotionale Intelligenz die Kompetenz, Emotionen zu regulieren. Das bedeutet, in der Lage zu sein, die eigenen Gefühle zu steuern, um angemessene Reaktionen in verschiedenen Situationen zu zeigen. Für Eltern bietet sich hier eine wertvolle Gelegenheit, ihre Kinder in der Entwicklung dieser Fähigkeiten zu unterstützen. Durch einfache Übungen und Gespräche lässt sich emotionale Intelligenz schon früh fördern. Beispielsweise hilft das gemeinsame Benennen von Gefühlen, sowohl positiven als auch negativen, dem Kind, ein besseres Verständnis für seine eigenen Emotionen und die der anderen zu entwickeln. In dieser Phase der Entwicklung ist es für Kinder besonders fruchtbar, emotionale Intelligenz als Teil ihres täglichen Lebens zu begreifen und zu üben. So legen sie den Grundstein für ein erfülltes und ausgeglichenes Leben.

Die Bedeutung des Erkennens von Emotionen

Das Erkennen von Emotionen ist ein Schlüsselaspekt in der Entwicklung emotionaler Intelligenz und hat weitreichende Auswirkungen auf verschiedene Lebensbereiche. Von der Fähigkeit, mit Stress umzugehen, bis hin zur Konfliktlösung und Empathie bietet diese Kompetenz den Kindern ein solides Fundament für gesunde soziale Interaktionen und emotionales Wohlbefinden. Hier die Vorteile auf einen Blick:

Stressbewältigung

Kinder, die ihre eigenen Emotionen erkennen und benennen können, sind besser in der Lage, Stresssituationen zu bewältigen. Sie können beispielsweise ihre Gefühle der Angst oder Nervosität vor einer Prüfung identifizieren und dann gezielte Entspannungsübungen anwenden. Dies ermöglicht ihnen, sich selbst zu beruhigen und ihre Aufmerksamkeit besser auf die anstehende Aufgabe zu lenken.

Konfliktlösung

Das Erkennen von Emotionen spielt auch eine entscheidende Rolle bei der Konfliktlösung. Kinder, die in der Lage sind, die Emotionen anderer zu identifizieren, können Konflikte effektiver lösen. Sie können beispielsweise erkennen, wenn ein Freund wütend oder traurig ist, und entsprechend reagieren, anstatt die Situation durch Unachtsamkeit weiter zu verschärfen.

Entwicklung von Empathie

Empathie ist die Fähigkeit, sich in die Gefühle anderer hineinzuversetzen. Kinder, die Emotionen erkennen können, entwickeln ein besseres Verständnis für die Gefühle anderer Menschen. Dies fördert nicht nur die sozialen Beziehungen, sondern trägt auch zu einem allgemeinen Gefühl des Wohlwollens und der Zufriedenheit bei.

Soziale Kompetenz

Das Erkennen von Emotionen bereitet Kinder auch besser auf soziale Situationen vor. Sie lernen, die nonverbalen Signale ihrer Mitmenschen zu interpretieren, was ihnen hilft, in Gruppen dynamischer und sensibler zu agieren. Dies ist besonders nützlich in der Schule, wo die Interaktion mit Lehrern und Mitschülern eine tägliche Herausforderung darstellt.

Das Erkennen von Emotionen ist eine grundlegende Fähigkeit, die den Grundstein für die emotionale Intelligenz legt. Die frühzeitige Förderung dieser Kompetenz ermöglicht Kindern, besser mit den Herausforderungen des Lebens umzugehen und eine solide Basis für zukünftige soziale und emotionale Entwicklungen zu schaffen.

Neurologische Grundlagen

Die Fähigkeit, Emotionen zu erkennen, ist nicht nur eine soziale, sondern auch eine neurologische Fertigkeit. Das menschliche Gehirn ist ein komplexes Organ, das spezielle Bereiche für die Verarbeitung von Emotionen hat. Bereits in jungen Jahren beginnt das Gehirn, sich in dieser Hinsicht zu entwickeln und zu trainieren:

Das limbische System

Im Zentrum der emotionalen Verarbeitung steht das limbische System, eine Gruppe von miteinander verbundenen Strukturen im Gehirn, die für die Verarbeitung von Emotionen verantwortlich sind. Zu diesen Strukturen gehören die Amygdala, der Hippocampus und der Thalamus. Die Amygdala spielt eine Schlüsselrolle bei der Identifizierung von Emotionen, insbesondere von Gesichtsausdrücken.

Frühe Entwicklung

Bereits im Säuglingsalter beginnen Kinder, Gesichtsausdrücke zu erkennen und zu interpretieren. Diese frühe Exposition gegenüber emotionalen Signalen legt den Grundstein für die weitere Entwicklung der emotionalen Intelligenz. Studien haben gezeigt, dass Säuglinge, die häufiger mit emotional ausdrucksstarken Gesichtern konfrontiert werden, eine bessere Fähigkeit entwickeln, Emotionen zu erkennen und zu benennen.

Neuroplastizität und Lernen

Das Konzept der Neuroplastizität besagt, dass das Gehirn seine Struktur und Funktion im Laufe des Lebens verändern kann. Dies bedeutet, dass die Fähigkeit zur Erkennung von Emotionen durch gezieltes Training und Übung verbessert werden kann. Kinder, die in einem Umfeld aufwachsen, in dem emotionale Intelligenz gefördert wird, haben bessere Chancen, diese wichtige Fähigkeit zu entwickeln.

Langfristige Auswirkungen

Die neurologische Grundlage für das Erkennen von Emotionen hat auch langfristige Auswirkungen. Kinder, die frühzeitig lernen, Emotionen zu erkennen, entwickeln nicht nur bessere soziale Kompetenzen, sondern zeigen auch eine höhere Resilienz gegenüber Stress und eine bessere Anpassungsfähigkeit in verschiedenen Lebenssituationen.

Kognitive und emotionale Verknüpfung

Es gibt auch eine starke Verbindung zwischen der emotionalen und der kognitiven Entwicklung. Die Fähigkeit, Emotionen zu erkennen und zu verarbeiten, beeinflusst auch andere kognitive Fähigkeiten wie das Gedächtnis, die Aufmerksamkeit und das Problemlösungsvermögen.

Emotionen erkennen: Gesichter-Memory-Spiel

Das Gesichter-Memory-Spiel ist eine einfache, aber effektive Methode, um Kindern das Erkennen von Emotionen beizubringen. Bei diesem Spiel werden Karten mit verschiedenen Gesichtsausdrücken verwendet. Die Kinder müssen Paare von Karten finden, die den gleichen Gesichtsausdruck zeigen. Dabei lernen sie, aufmerksam die Details der Gesichtsausdrücke zu beobachten und diese mit bestimmten Emotionen zu verbinden.

Für die Vorbereitung des Spiels benötigen Sie:

- Karten mit Gesichtsausdrücken, die verschiedene Emotionen wie Freude, Traurigkeit, Wut, Überraschung usw. darstellen.
- Eine ebene Fläche zum Auslegen der Karten.

Spielablauf:

Vorbereitung

Mischen Sie die Karten gut durch und legen Sie sie verdeckt in Reihen auf die ebene Fläche. Stellen Sie sicher, dass die Kinder einen guten Überblick über das gesamte Spielfeld haben.

Zugreihenfolge

Bestimmen Sie, welches Kind beginnen darf. Danach geht es im Uhrzeigersinn weiter.

Karten aufdecken

Das jeweilige Kind darf nacheinander zwei Karten umdrehen. Dabei sollte es die Karten so umdrehen, dass alle Spieler die darauf abgebildeten Gesichtsausdrücke sehen können.

Übereinstimmung prüfen

Wenn die umgedrehten Karten den gleichen Gesichtsausdruck zeigen, darf das Kind das Kartenpaar behalten und einen weiteren Zug machen.

Keine Übereinstimmung

Wenn die Karten nicht übereinstimmen, werden sie wieder umgedreht und der nächste Spieler ist an der Reihe.

Spielende

Das Spiel geht so lange weiter, bis alle Kartenpaare gefunden sind. Der Spieler mit den meisten Paaren gewinnt.

Durch das Spiel erwerben die Kinder folgende Fähigkeiten:

- Sie lernen, Emotionen anhand von Gesichtsausdrücken zu erkennen.
- Sie steigern ihre Konzentrationsfähigkeit.
- Sie entwickeln ein besseres Verständnis für die Vielfalt menschlicher Emotionen.

Das Gesichter-Memory-Spiel ist nicht nur ein unterhaltsames Spiel, sondern auch ein pädagogisches Werkzeug, das die emotionale und soziale Entwicklung von Kindern fördert. Es kann sowohl zu Hause als auch im schulischen Kontext eingesetzt werden und bietet eine hervorragende Gelegenheit für Eltern und Erzieher, das Thema Emotionen auf spielerische Weise anzugehen.

Herausforderungen und wie Sie ihnen begegnen können:

- Wenn Ihr Kind Schwierigkeiten hat, sich die Positionen der Karten zu merken, ist Geduld gefragt. Sie könnten die Anzahl der Kartenpaare reduzieren, um den Einstieg zu erleichtern.
- Manchmal schweift die Aufmerksamkeit ab, besonders bei jüngeren Kindern. In solchen Fällen kann eine kurze Bewegungspause hilfreich sein.
- Wenn Ihr Kind mehrere Runden verliert oder Schwierigkeiten hat, die Paare zu finden, kann das frustrierend sein. Ermutigen Sie Ihr Kind, indem Sie den Fokus auf den Lernprozess und die kleinen Erfolge legen.
- Wenn mehrere Kinder spielen, kann es zu einem starken Konkurrenzdenken kommen. Hier könnte eine Teamvariante des Spiels Abhilfe schaffen, bei der alle gemeinsam gegen die Zeit spielen. Dies gilt im Übrigen auch für die meisten Spiele und Aktivitäten, die im weiteren Verlauf des Ratgebers noch vorgestellt werden.
- Manche Kinder könnten emotional reagieren, wenn sie ein trauriges oder wütendes Gesicht aufdecken. Nutzen Sie diese Gelegenheit für ein Gespräch über Emotionen und darüber, wie man mit ihnen umgeht.

Zusammenfassung

Das Erkennen von Emotionen ist eine grundlegende Fähigkeit, die den Grundstein für die emotionale Intelligenz legt. Durch spielerische Methoden wie das Gesichter-Memory-Spiel lernen Kinder in einem geschützten Rahmen, ihre Emotionen zu identifizieren und zu benennen. Dies ist ein wichtiger Schritt auf dem Weg zu einer ausgewogenen emotionalen und sozialen Entwicklung, die bis ins Erwachsenenalter reicht.

GEFÜHLSBILDER MALEN: KREATIVE AUSDRUCKSÜBUNGEN

Kunst dient als kraftvolles Medium zur Verarbeitung von Emotionen. Kinder erleben durch kreative Ausdrucksformen wie Malen eine tiefere Verbindung zu ihren Gefühlen und finden Wege, diese besser zu verstehen und zu kommunizieren. Dieser kreative Prozess bietet nicht nur eine sichere Plattform für die Selbstexploration, sondern fördert auch das emotionale Wohl der Kinder.

Definition: Selbstexploration
Selbstexploration bezieht sich hier auf den bewussten Prozess, durch den Kinder ihre inneren Gedanken, Gefühle und Wünsche erforschen. Es ist eine Reise der Selbsterkenntnis, die es dem Kind ermöglicht, sich selbst aus verschiedenen Blickwinkeln zu betrachten. Im Rahmen der Kunst wird diese Exploration oft intuitiv und spielerisch durchgeführt. Beim Malen eines Bildes oder beim Formen einer Skulptur begegnen Kinder ihren innersten Gedanken und Gefühlen. Sie setzen sich mit ihren Ängsten, Freuden, Träumen und Sorgen auseinander, oft ohne es direkt zu realisieren.

Für Eltern ist es eine Gelegenheit, ihre Kinder in diesem Prozess der Selbstentdeckung zu begleiten. Durch das gemeinsame Betrachten der Kunstwerke und das Gespräch darüber erhalten Sie Einblicke in die emotionale Welt Ihres Kindes. Fragen wie „Was hat dich dazu inspiriert, diesen Sonnenuntergang zu malen?“ oder „Wie hast du dich gefühlt, als du diese Figur geformt hast?“ eröffnen einen Dialog, der für beide Seiten bereichernd ist.

Diese Form der Selbstexploration durch Kunst ist nicht nur für die emotionale Entwicklung von Vorteil, sondern stärkt auch das Selbstbewusstsein des Kindes. Es lernt, seine Gefühle und Gedanken als gültig und wertvoll anzuerkennen, was wiederum seine Fähigkeit zur emotionalen Intelligenz steigert. So wird Kunst zu einem unschätzbaren Werkzeug, das Ihr Kind auf dem Weg zu einer ausgewogenen und selbstbewussten Persönlichkeit unterstützt.

Hintergrundinformationen

Wie das Malen von Gefühlsbildern die Kommunikationsfähigkeiten fördert

Das Malen von Gefühlsbildern ist nicht nur eine kreative Übung, sondern auch ein effektives Mittel zur Förderung der Kommunikationsfähigkeiten von Kindern. Durch die visuelle Darstellung von Emotionen lernen Kinder, ihre Gefühle besser zu artikulieren und zu verstehen. Diese Fähigkeit ist besonders nützlich, wenn Kinder Schwierigkeiten haben, ihre Emotionen verbal auszudrücken. Sie lernen, ihre Gedanken und Gefühle durch Farben, Formen und Texturen zu kommunizieren, was wiederum ihr Selbstbewusstsein stärkt.

Darüber hinaus bietet das Malen von Gefühlsbildern eine Plattform für den Dialog zwischen Eltern und Kindern. Wenn ein Kind beispielsweise ein Bild malt, das Traurigkeit darstellt, kann dies für die Eltern ein Anstoß sein, mit dem Kind über seine Gefühle zu sprechen. Dies fördert nicht nur die emotionale Intelligenz des Kindes, sondern stärkt auch die Eltern-Kind-Beziehung.

Die Rolle der Eltern in der Unterstützung der kreativen Ausdrucksfähigkeit

Eltern spielen eine Schlüsselrolle bei der Förderung der kreativen Ausdrucksfähigkeit ihrer Kinder. Durch die aktive Teilnahme an kreativen Aktivitäten wie dem Malen von Gefühlsbildern ermutigen Sie Ihre Kinder, ihre Emotionen offen auszudrücken. Ein offenes und unterstützendes Umfeld fördert die Freiheit, Kreativität zu entfalten.

Ein „Kreativraum", ausgestattet mit verschiedenen Materialien für künstlerische Aktivitäten, dient als sicherer Ort für die Entwicklung kreativer Fähigkeiten und den Ausdruck von Emotionen. Lob und Wertschätzung für das kreative Schaffen Ihrer Kinder, etwa durch einfache Komplimente wie „Deine Verwendung von Farben in diesem Bild ist ganz schön beeindruckend", wirken motivierend.

Die Unterstützung der Eltern in diesem Bereich ist nicht nur für die kreative, sondern auch für die emotionale und soziale Entwicklung des Kindes von großer Bedeutung. Sie hilft den Kindern, ein besseres Verständnis für sich selbst und andere zu entwickeln, was wiederum ihre Kommunikationsfähigkeiten verbessert.

Die Wissenschaft der Farbpsychologie

Farben rufen verschiedene Emotionen und Reaktionen hervor. Beispielsweise assoziieren viele Menschen Blau mit Ruhe, während Rot oft Energie und Leidenschaft symbolisiert. Ein Verständnis der Farbpsychologie hilft Kindern, ihre Gefühle präziser auszudrücken. Die folgende Tabelle soll dabei als Orientierung dienen:

Farbe	Bedeutung
Rot	Leidenschaft, Energie, Aufregung
Blau	Ruhe, Vertrauen, Intelligenz
Grün	Natur, Wachstum, Harmonie
Gelb	Glück, Optimismus, Wärme
Orange	Kreativität, Abenteuer, Enthusiasmus
Lila	Luxus, Weisheit, Spiritualität
Schwarz	Macht, Eleganz, Geheimnis
Weiß	Reinheit, Unschuld, Einfachheit

Symbolismus in der Kunst & die Bedeutung für die emotionale Intelligenz

Symbole und Metaphern in der Kunst können als Werkzeuge zur emotionalen Exploration dienen. Ein Baum könnte Wachstum oder Veränderung repräsentieren, während eine Wolke Traurigkeit oder Einsamkeit symbolisieren könnte. Die folgende Tabelle kann als Inspiration dienen:

Symbol	**Bedeutung**
Baum	Wachstum, Veränderung, Leben
Wolke	Traurigkeit, Einsamkeit, Veränderung
Sonne	Glück, Optimismus, Neuanfang
Mond	Geheimnis, Intuition, Veränderung
Stern	Hoffnung, Orientierung, Wunsch
Herz	Liebe, Leidenschaft, Emotion
Auge	Wahrnehmung, Wissen, Bewusstsein
Schlüssel	Lösung, Geheimnis, Zugang
Tür	Gelegenheit, Übergang, Geheimnis
Berg	Herausforderung, Höhepunkt, Ambition
Fluss	Bewegung, Veränderung, Lebensfluss
Blume	Schönheit, Vergänglichkeit, Natur
Vogel	Freiheit, Unabhängigkeit, Inspiration
Uhr	Zeit, Vergänglichkeit, Dringlichkeit
Anker	Stabilität, Sicherheit, Grundlage

Die Spiele

Spiel 1: Gefühls-Galerie

Ziel des Spiels:
Das Kind oder die Kinder drücken ihre Emotionen durch Kunst aus. Anschließend wird versucht, die Emotionen in den Kunstwerken zu interpretieren.

Materialien:

- Farbstifte, Wasserfarben oder Filzstifte
- Papier oder Leinwand
- Ein paar Kunstbücher oder Bilder zur Inspiration

Anleitung:

Emotion auswählen

Zunächst wählt das Kind oder jedes Kind eine Emotion, die es darstellen möchte. Dies kann durch das Ziehen von Karten mit Emotionsnamen oder durch freie Wahl geschehen.

Vorbereitungszeit

Legen Sie alle benötigten Materialien bereit und schaffen Sie eine angenehme Atmosphäre, in der sich die Kinder kreativ entfalten können.

Kunstzeit

Es stehen nun 20 Minuten zur Verfügung, um die gewählte Emotion künstlerisch umzusetzen. In dieser Zeit kann Ihr Kind malen, zeichnen oder sogar kleine Collagen erstellen.

Ausstellung

Nach Ablauf der Zeit werden die Kunstwerke ausgestellt. Dies kann auf dem Boden, auf einem Tisch oder sogar an der Wand erfolgen.

Interpretation

Bei mehreren Kindern erklärt jedes sein Kunstwerk der Reihe nach. Die anderen Kinder (und auch die Eltern) versuchen, die dargestellte Emotion zu erraten. Bei nur einem Kind kann die Interpretation gemeinsam mit den Eltern erfolgen. Wenn nur ein Kind teilnimmt, kann die Interpretation gemeinsam mit den Eltern erfolgen. In diesem Fall haben Sie als Elternteil die Möglichkeit, ebenfalls ein Kunstwerk zu schaffen, um dann gemeinsam die Emotionen in den Werken zu interpretieren.

Tipps für Eltern:

- Erweitern Sie das Spiel, indem Sie Ihr Kind fragen, warum es bestimmte Farben oder Formen gewählt hat.
- Nutzen Sie die Gelegenheit, um über die transformative Kraft der Kunst zu sprechen.
- Wenn nur ein Kind teilnimmt, können Sie als Elternteil auch ein Kunstwerk anfertigen und gemeinsam die Emotionen in den Werken interpretieren.

Herausforderungen und wie Sie ihnen begegnen können:

- Falls Ihr Kind Schwierigkeiten hat, eine Emotion auszuwählen, könnten Sie eine Liste von Emotionen vorbereiten und diese gemeinsam durchgehen. Das kann dem Kind helfen, sich bewusster für eine Emotion zu entscheiden.
- Manchmal kann der Druck, ein „perfektes" Kunstwerk zu schaffen, lähmend wirken. Ermutigen Sie Ihr Kind, sich weniger auf das Endergebnis und mehr auf den Prozess zu konzentrieren. Es geht hier um den Ausdruck von Gefühlen, nicht um eine Kunstausstellung.
- Die vorgegebene Zeit von 20 Minuten könnte für manche Kinder überfordernd sein. Falls Sie bemerken, dass die Zeitbegrenzung kontraproduktiv wirkt, können Sie diese flexibel gestalten.
- Es kann vorkommen, dass die Emotionen in den Kunstwerken nicht sofort erkannt werden. Das ist vollkommen in Ordnung. Nutzen Sie diese Gelegenheit für ein offenes Gespräch über die dargestellten Emotionen und darüber, was sie für Ihr Kind bedeuten.

Spiel 2: Farb-Emotionen

Ziel des Spiels:
Das Kind oder die Kinder lernen, wie Farben Emotionen beeinflussen.

Materialien:

- Verschiedene farbige Papiere als Grundlage für die Collage
- Klebstoff zum Befestigen der Bilder
- Schere zum Ausschneiden der Bilder
- Zeitschriften, Kataloge oder ausgedruckte Bilder für die Collage

Anleitung:

Farbauswahl

Zu Beginn erhält das Kind oder jedes Kind ein Blatt Papier in einer bestimmten Farbe. Die Farbe kann zufällig ausgewählt oder bewusst einem Kind zugeordnet werden.

Bildersuche

Die Kinder durchstöbern Zeitschriften, Kataloge oder ausgedruckte Bilder und suchen nach Bildern, die sie mit der zugewiesenen Farbe assoziieren.

Ausschneiden und Kleben

Nach der Auswahl schneiden die Kinder die Bilder aus und kleben sie auf das farbige Papier. Dabei können sie kreativ werden und die Bilder nach Belieben anordnen.

Präsentation und Diskussion

Nachdem alle Collagen fertig sind, werden sie präsentiert. Jedes Kind erklärt, warum es bestimmte Bilder ausgewählt hat und wie diese Bilder die zugewiesene Farbe repräsentieren. Falls nur ein Kind teilnimmt, kann die Diskussion und Präsentation gemeinsam mit den Eltern erfolgen.

Tipps für Eltern:

- Diskutieren Sie mit Ihrem Kind, warum es bestimmte Bilder ausgewählt hat.
- Sprechen Sie über die Wirkung von Farben und darüber, wie sie unsere Stimmung beeinflussen.
- Bei nur einem Kind können Sie als Elternteil ebenfalls teilnehmen und Ihre eigenen Assoziationen mit einer Farbe teilen.

Herausforderungen und wie Sie ihnen begegnen können:

- Manchmal kann es schwierig sein, eine bestimmte Farbe einer Emotion zuzuordnen. In solchen Fällen ist es hilfreich, eine breite Palette von Farben zur Verfügung zu stellen und Ihr Kind zu ermutigen, intuitiv zu wählen.
- Falls Ihr Kind sich unsicher fühlt oder meint, nicht kreativ genug zu sein, können Sie es ermutigen, einfach zu beginnen. Oft entsteht die Kreativität erst während des Prozesses.
- Wenn Ihr Kind das Gefühl hat, unter Zeitdruck zu stehen, können Sie die vorgegebene Zeit flexibel gestalten. Es ist wichtiger, dass Ihr Kind sich auf den kreativen Prozess einlassen kann, als eine strikte Zeitvorgabe einzuhalten.
- Falls die zugeordneten Farben und Emotionen nicht sofort klar sind, nehmen Sie sich die Zeit für ein Gespräch. Fragen Sie Ihr Kind, warum es bestimmte Farben gewählt hat und was diese für es bedeuten.
- Manchmal sind Kinder unsicher, welche Materialien sie verwenden sollen. In diesem Fall können Sie als Elternteil Vorschläge machen oder sogar ein paar Beispiele zeigen, um den Einstieg zu erleichtern.

Spiel 3: Symbol-Safari

Ziel des Spiels:

Das Kind oder die Kinder erkennen und interpretieren Symbole in Kunstwerken.

Materialien:

- Verschiedene Kunstbücher oder eine Auswahl an Bildern aus dem Internet, die verschiedene Kunststile und -epochen abdecken
- Lupe für eine genauere Betrachtung der Kunstwerke
- Notizbuch und Stift zum Festhalten der Erkenntnisse

Anleitung:

Vorbereitung

Legen Sie eine Auswahl an Kunstbüchern oder Bildern aus dem Internet bereit. Stellen Sie sicher, dass eine Lupe und ein Notizbuch mit Stift zur Verfügung stehen.

Symbolauswahl

Das Kind oder die Kinder wählen ein oder mehrere Symbole aus, die sie in den Kunstwerken suchen möchten, beispielsweise ein Herz, einen Stern oder einen Baum.

Kunstwerk-Entdeckung

Mit Lupe und Notizbuch ausgestattet, durchstöbern die Kinder die Kunstbücher oder die online ausgewählten Bilder. Sie suchen nach den ausgewählten Symbolen und notieren, in welchem Kontext diese Symbole erscheinen.

Interpretation

Nach der Suche setzen sich die Kinder mit ihren Notizen auseinander und überlegen, was die gefundenen Symbole in den jeweiligen Kunstwerken bedeuten könnten.

Diskussion

Zum Abschluss des Spiels findet eine Diskussion statt, in der die Kinder ihre Erkenntnisse teilen und interpretieren. Bei nur einem Kind kann diese Diskussion und Interpretation gemeinsam mit den Eltern stattfinden.

Tipps für Eltern:

- Ermutigen Sie Ihr Kind, auch in der eigenen Umgebung nach Symbolen zu suchen, etwa in Werbeanzeigen oder Straßenschildern.
- Diskutieren Sie über die Bedeutung der Symbole und darüber, wie sie in verschiedenen Kulturen interpretiert werden.
- Bei nur einem Kind können Sie als Elternteil ebenfalls teilnehmen und Ihre eigenen Interpretationen der Symbole teilen.

Herausforderungen und wie Sie ihnen begegnen können:

- Es kann vorkommen, dass die Bedeutung eines Symbols nicht sofort erkannt wird. In solchen Fällen ist es hilfreich, eine offene Diskussion über die verschiedenen Interpretationsmöglichkeiten zu führen.
- Wenn Ihr Kind Schwierigkeiten hat, ein passendes Symbol zu finden, können Sie es durch gezielte Fragen oder Vorschläge unterstützen.
- Die Suche nach Symbolen kann manchmal ablenkend sein, besonders wenn sie in einer reizüberfluteten Umgebung stattfindet. Versuchen Sie, einen ruhigen und fokussierten Rahmen für das Spiel zu schaffen.
- Falls Ihr Kind oder Sie selbst unsicher sind, was ein gefundenes Symbol bedeuten könnte, ist es sinnvoll, gemeinsam darüber zu sprechen und verschiedene Perspektiven zu erkunden.
- Manchmal fühlen sich Kinder eingeschränkt und wenig kreativ. Ermutigen Sie Ihr Kind, über den Tellerrand zu schauen und auch ungewöhnliche Symbole in Betracht zu ziehen.
- Wenn das Spiel zu lange dauert oder Ihr Kind ungeduldig wird, können Sie die Anzahl der zu findenden Symbole reduzieren oder eine zeitliche Begrenzung einführen, die jedoch flexibel gehandhabt werden kann.

Spiel 4: Emotions-Collage

Ziel des Spiels:

Das Kind oder die Kinder stellen verschiedene Emotionen durch eine Collage dar und interpretieren diese.

Materialien:

- Verschiedene Zeitschriften, Kataloge oder eine Auswahl an ausgedruckten Bildern aus dem Internet, die Menschen mit unterschiedlichen Emotionen zeigen
- Schere zum Ausschneiden der Bilder
- Klebstoff zum Befestigen der Bilder
- Ein großes Blatt Papier als Untergrund für die Collage
- Optional: Farbstifte oder Marker zum Hinzufügen von Zeichnungen oder Schriftzügen

Anleitung:

Vorbereitung

Legen Sie alle benötigten Materialien bereit. Stellen Sie sicher, dass genügend Zeitschriften, Kataloge oder ausgedruckte Bilder zur Verfügung stehen.

Bildauswahl

Das Kind oder die Kinder durchblättern die Zeitschriften oder betrachten die ausgedruckten Bilder und wählen Fotos aus, die verschiedene Emotionen wie Freude, Traurigkeit oder Wut darstellen.

Ausschneiden und Kleben

Die ausgewählten Bilder werden sorgfältig ausgeschnitten und auf das große Blatt Papier geklebt, um eine Collage zu erstellen.

Personalisierung

Um die Collage einzigartig zu machen, können Zeichnungen oder Schriftzüge hinzugefügt werden. Diese dienen dazu, die dargestellten Emotionen zu betonen oder zu erläutern.

Interpretation

Nach Fertigstellung der Collage betrachtet das Kind – oder die Kinder – das Gesamtbild und reflektiert, welche Emotionen dargestellt sind und was sie bedeuten könnten. Falls nur ein Kind teilnimmt, kann diese Interpretation und Reflexion gemeinsam mit den Eltern erfolgen.

Tipps für Eltern:

- Ermutigen Sie Ihr Kind, über die Auswahl der Bilder und die Platzierung in der Collage nachzudenken. Fragen Sie es, warum es bestimmte Bilder ausgewählt hat und was diese bedeuten.
- Nutzen Sie die fertige Collage als Ausgangspunkt für ein Gespräch über Emotionen.
- Bei nur einem Kind können Sie als Elternteil ebenfalls eine Collage anfertigen und gemeinsam die Emotionen in den Collagen interpretieren.

Herausforderungen und wie Sie ihnen begegnen können:

- Falls Ihnen bestimmte Materialien für die Collage fehlen, können Sie auch digitale Bilder oder Zeichnungen verwenden. Seien Sie flexibel und nutzen Sie, was zur Verfügung steht.
- Wenn Ihr Kind Schwierigkeiten hat, eine Emotion auszuwählen, die es darstellen möchte, helfen gezielte Fragen oder eine Liste von Emotionen zur Auswahl.
- Manchmal ist es schwierig, eine Emotion in einer einzigen Collage darzustellen. In solchen Fällen ist es hilfreich, das Gespräch zu suchen und die Vielschichtigkeit der Gefühle zu erkunden.
- Falls Ihr Kind sehr detailorientiert ist und sich in den Einzelheiten verliert, ermutigen Sie es, den Fokus auf den Gesamtausdruck der Collage zu legen.
- Nach Fertigstellung der Collage kann es zu Unsicherheiten bei der Interpretation kommen. Ein offenes Gespräch über die dargestellten Emotionen und Symbole kann hier Klarheit schaffen.

Dieses Spiel fördert nicht nur die kreative Ausdrucksfähigkeit der Kinder, sondern auch ihr Verständnis für Emotionen und ihre Fähigkeit, diese zu kommunizieren. Es bietet zudem eine hervorragende Gelegenheit für Eltern, mehr über die emotionalen Erfahrungen und Gedanken ihrer Kinder zu erfahren.

Gefühls-Tagebuch: Tägliche Emotionen aufzeichnen

Ein Gefühls-Tagebuch ist ein mächtiges Instrument, das die Tür zu einer Welt der Selbstkenntnis und emotionalen Intelligenz öffnet. Kinder stehen oft vor der Herausforderung, ihre Emotionen zu verstehen und angemessen auszudrücken. In einer Welt, die immer komplexer wird und in der sie mit einer Vielzahl von Reizen und Anforderungen konfrontiert sind, ist die Fähigkeit zur Selbstreflexion nicht nur wünschenswert, sondern fast schon unerlässlich.

Das tägliche Aufzeichnen von Emotionen und Gedanken in einem Gefühls-Tagebuch bietet Kindern eine strukturierte Möglichkeit, innezuhalten und sich selbst zu beobachten. Dieser bewusste Akt der Selbstreflexion hilft ihnen, ihre emotionalen Reaktionen zu dekodieren, ihre Gedanken zu ordnen und ihre Gefühle zu artikulieren. Durch diese Praxis gewinnen sie ein tieferes Verständnis für die Komplexität ihrer eigenen emotionalen Landschaft und lernen, ihre Gefühle nicht nur zu identifizieren, sondern auch zu verstehen, was diese Gefühle auslöst.

In einer Zeit, in der emotionales Wohlbefinden und mentale Gesundheit immer mehr an Bedeutung gewinnen, bietet ein Gefühls-Tagebuch eine einfache, aber effektive Methode zur Förderung dieser wichtigen Lebenskompetenzen. Es ist ein Werkzeug, das Kinder auf ihrem Weg zu emotional ausgewogenen, selbstbewussten und resilienten Individuen unterstützt.

Warum ein Gefühls-Tagebuch?

Das Tagebuchschreiben ist keineswegs eine moderne Erfindung; es ist eine Praxis, die sich über Jahrhunderte hinweg bewährt hat. Von den persönlichen Memoiren großer Denker bis hin zu den einfachen Aufzeichnungen alltäglicher Menschen bietet das Tagebuchschreiben einen intimen Einblick in die menschliche Psyche. In der Psychologie wird diese Methode hoch geschätzt und als wirkungsvolles Instrument zur Selbstbeobachtung und -analyse betrachtet.

Die wissenschaftliche Forschung untermauert die Wirksamkeit des Tagebuchschreibens. Studien haben ergeben, dass das regelmäßige Aufzeichnen von Gedanken und Gefühlen eine Reihe von psychologischen Vorteilen bietet. So kann das Führen eines Gefühls-Tagebuchs beispielsweise dazu beitragen, Stress abzubauen. Indem Kinder ihre Sorgen und Ängste zu Papier bringen, können sie eine gewisse Distanz zu diesen Emotionen gewinnen. Dies ermöglicht es ihnen, die Situation aus einer neuen Perspektive zu betrachten und dadurch besser zu bewältigen.

Ein Gefühls-Tagebuch stärkt das Selbstbewusstsein. Kinder, die ihre Erfolge, Stärken und positiven Eigenschaften festhalten, entwickeln ein gesünderes Selbstbild. Dies erweist sich als besonders wertvoll in einer Lebensphase, in der das Selbstbewusstsein oft schwankt und die Meinung von Gleichaltrigen großen Einfluss hat. Darüber hinaus fördert das Tagebuchschreiben die kognitive Funktion. Das Formulieren von Gedanken begünstigt die Sprachentwicklung und das kritische Denken. Kinder, die regelmäßig ein Tagebuch führen, üben sich darin, komplexe Gedanken in Worte zu fassen und ihre Ideen klar und präzise auszudrücken.

Ein Gefühls-Tagebuch ist also weit mehr als nur eine kreative Freizeitbeschäftigung. Es ist eine ernsthafte Übung in Selbstreflexion und persönlicher Entwicklung, die auf vielfältige Weise zur emotionalen und kognitiven Reife beiträgt. In einer Welt, die immer mehr von uns verlangt, sowohl emotional als auch intellektuell, bietet das Gefühls-Tagebuch eine wertvolle Ressource für Kinder, um sich selbst besser zu verstehen und zu wachsen.

Praktische Anleitung: Wie startet man ein Gefühls-Tagebuch?

Auswahl des Notizbuchs

Wählen Sie gemeinsam mit Ihrem Kind ein ansprechendes Notizbuch aus. Es sollte ein Buch sein, das nur für dieses spezielle Vorhaben genutzt wird. Die Wahl des Notizbuchs ist ein wichtiger erster Schritt, da es das Interesse und die Motivation Ihres Kindes wecken soll. Vielleicht entscheiden Sie sich für ein Buch mit einem schönen Einband oder einem Lieblingsmotiv Ihres Kindes.

Zeitliche Planung

Legen Sie eine feste Zeit am Tag fest, zu der das Tagebuch geführt wird. Ein guter Zeitpunkt könnte vor dem Schlafengehen sein, da Ihr Kind dann den Tag Revue passieren lassen kann. Die Regelmäßigkeit hilft dabei, das Tagebuchschreiben zu einer Gewohnheit zu machen.

Inhaltliche Gestaltung

Ermutigen Sie Ihr Kind, sowohl positive als auch negative Emotionen aufzuschreiben. Es gibt keine „richtigen" oder „falschen" Gefühle; das Ziel ist die authentische Selbstausdrucksweise. Ihr Kind darf frei entscheiden, wie es seine Emotionen darstellen möchte. Das kann in Form von Text, Zeichnungen oder sogar Aufklebern geschehen.

Zusätzliche Elemente

Um das Tagebuch noch ansprechender zu gestalten, können Sie kleine Taschen für Erinnerungsstücke wie Kinokarten oder getrocknete Blumen einfügen. Auch Fotos, die besondere Momente festhalten, können eine schöne Ergänzung sein.

Begleitung und Unterstützung

Bieten Sie Ihrem Kind an, das Tagebuch gemeinsam durchzublättern, aber nur, wenn es das möchte. Respektieren Sie die Privatsphäre Ihres Kindes und drängen Sie es nicht zur Offenlegung. Wenn Ihr Kind den Wunsch hat, seine Einträge mit Ihnen zu teilen, nutzen Sie die Gelegenheit für ein offenes und einfühlsames Gespräch.

Bewusstsein für Emotionen und Gedanken steigern

• Das regelmäßige Führen eines Gefühls-Tagebuchs hilft den Kindern, ein erhöhtes Bewusstsein für ihre eigenen Emotionen und Gedanken zu entwickeln. Sie lernen, ihre Gefühle zu benennen und zu erkennen, welche Gedanken oder Ereignisse diese Gefühle ausgelöst haben.

• Mit der Zeit erkennen Sie und Ihre Kinder gemeinsam Muster in den Einträgen. Vielleicht tauchen bestimmte Auslöser auf, die immer wieder Stress oder Freude verursachen. Diese Erkenntnisse dienen der Entwicklung von Strategien zur besseren Selbstregulation. So wird das Tagebuch zu einem effektiven Instrument, um das emotionale Gleichgewicht und die Selbstregulationsfähigkeiten Ihres Kindes zu fördern.

Praktische Tipps für Eltern

• Überprüfen Sie das Tagebuch regelmäßig gemeinsam mit dem Kind und besprechen Sie die Einträge.

• Ermutigen Sie Ihr Kind, auch Lösungen oder Strategien aufzuschreiben, die es ausprobiert hat, um mit bestimmten Emotionen umzugehen.

• Nutzen Sie die Erkenntnisse aus dem Tagebuch, um gemeinsam mit dem Kind Bewältigungsstrategien zu entwickeln.

Herausforderungen und wie Sie ihnen begegnen können:

• Das Führen eines Gefühls-Tagebuchs erfordert Konstanz. Wenn Ihr Kind vergisst, Einträge zu machen, erinnern Sie es sanft und suchen Sie nach einem festen Zeitpunkt im Tagesablauf für diese Aktivität.

• Manchmal fällt es schwer, Emotionen in Worte zu fassen. In solchen Fällen können Symbole, Zeichnungen oder Farben als Ergänzung dienen.

• Ein Gefühls-Tagebuch ist ein persönlicher Raum. Respektieren Sie die Privatsphäre Ihres Kindes, es sei denn, es möchte seine Einträge teilen.

• Ein Gefühls-Tagebuch kann auch negative Emotionen hervorbringen. Seien Sie darauf vorbereitet und nutzen Sie diese Momente für konstruktive Gespräche.

• Wenn Ihr Kind zögert, seine Einträge zu teilen, ermutigen Sie es, nur das zu teilen, womit es sich wohlfühlt. Das Ziel ist, ein sicheres Umfeld für den emotionalen Ausdruck zu schaffen.

• Falls mehrere Kinder ein Gefühls-Tagebuch führen, könnte der Drang entstehen, die Einträge miteinander zu vergleichen. Betonen Sie, dass jedes Tagebuch einzigartig ist und es keinen „richtigen" oder „falschen" Weg gibt, ein Gefühls-Tagebuch zu führen.

Das Führen eines Gefühls-Tagebuchs ist eine einfache, aber effektive Methode, um die emotionale Intelligenz und Selbstregulation bei Kindern zu fördern. Es bietet eine sichere Plattform für Selbstreflexion und Selbstentdeckung und ist ein wertvolles Werkzeug, das Kinder auf ihrem Weg zu emotional intelligenten und selbstbewussten Individuen unterstützt.

ROLLENSPIELE: EMOTIONEN DURCH SPIELEN AUSDRÜCKEN

Rollenspiele eignen sich sehr gut, um Kinder in die Welt der Emotionen und sozialen Interaktionen einzuführen. Durch das Nachahmen verschiedener Szenarien und Charaktere können Kinder ihre eigenen Gefühle und die der anderen besser verstehen. Dieses Kapitel soll Ihnen einen Einblick in die vielfältigen Möglichkeiten bieten, wie Rollenspiele zur emotionalen und sozialen Entwicklung von Kindern beitragen können.

Hintergrundinformationen: Die Psychologie des Rollenspiels

Rollenspiele sind weit mehr als eine unterhaltsame Freizeitbeschäftigung; sie sind ein komplexes pädagogisches Instrument, das tief in der Psychologie verwurzelt ist. In der Tat haben zahlreiche psychologische Studien die vielfältigen Vorteile von Rollenspielen für die Entwicklung von Kindern hervorgehoben. Diese reichen von der Verbesserung kognitiver Fähigkeiten wie Problemlösung und kritischem Denken bis hin zur Förderung emotionaler Intelligenz und sozialer Kompetenzen.

Die kognitive Entwicklung wird durch Rollenspiele insofern gefördert, als Kinder lernen, komplexe Szenarien zu verstehen und zu analysieren. Sie üben, Entscheidungen zu treffen, Konsequenzen abzuwägen und Probleme zu lösen, oft in einem sozialen Kontext. Dies schärft ihr kritisches Denken und fördert die Fähigkeit zur Selbstregulation.

Auf der emotionalen Ebene bieten Rollenspiele eine sichere Plattform für Kinder, um ihre Gefühle und Emotionen zu erkunden. Sie können verschiedene Rollen übernehmen und so ein breites Spektrum an Emotionen erleben, von Freude und Liebe bis hin zu Traurigkeit und Wut. Dies hilft ihnen, ein besseres Verständnis für ihre eigenen Emotionen sowie die Emotionen anderer zu entwickeln. Es fördert auch die Fähigkeit zur Empathie, da Kinder lernen, sich in die Lage anderer zu versetzen und deren Gefühle und Reaktionen zu verstehen.

Die soziale Komponente ist ebenfalls nicht zu unterschätzen. Rollenspiele erfordern oft die Interaktion mit anderen, sei es in der Rolle eines Arztes, eines Lehrers oder eines Superhelden. Diese Interaktionen lehren Kinder wichtige soziale Fähigkeiten wie Kommunikation, Zusammenarbeit und Konfliktlösung. Sie lernen, soziale Hinweise zu erkennen und angemessen darauf zu reagieren, was für ihre zukünftigen sozialen Interaktionen von unschätzbarem Wert ist.

Wenn Sie als Eltern Rollenspiele beobachten oder daran teilnehmen, gewinnen Sie wertvolle Einblicke in die emotionalen und sozialen Fähigkeiten Ihres Kindes. Nutzen Sie diese Gelegenheit, um die Entwicklung Ihres Kindes aktiv zu fördern und zu verstehen, was in seiner kleinen Welt vor sich geht. Dies ermöglicht es Ihnen, gezielt Unterstützung und Anleitung zu bieten, um diese wichtigen Lebenskompetenzen weiter zu fördern.

Rollenspiele bieten also eine reiche, vielschichtige Lernerfahrung, die die kognitive, emotionale und soziale Entwicklung von Kindern in einer Weise fördert, die wenige andere Aktivitäten bieten können.

Eintauchen in verschiedene Emotionen und Szenarien

Das Besondere an Rollenspielen ist die einzigartige Gelegenheit, die sie Kindern bieten, in eine Vielzahl von Emotionen und Szenarien einzutauchen, und das alles in einem geschützten Rahmen. Diese Art des spielerischen Lernens ermöglicht es Kindern, komplexe emotionale und soziale Situationen zu simulieren, die sie in der realen Welt antreffen könnten oder die ihrer Fantasie entspringen.

Beispielsweise kann das Nachspielen des ersten Schultags eine Vielzahl von Emotionen hervorrufen, von Aufregung und Neugier bis hin zu Angst oder Unsicherheit. In diesem sicheren Rahmen können Kinder diese Gefühle erkunden und lernen, wie sie damit umgehen können. Sie können Strategien entwickeln, um ihre Nervosität zu bewältigen, oder Wege finden, ihre Freude und Aufregung mit anderen zu teilen.

Ein weiteres Szenario könnte ein Arztbesuch sein, eine Situation, die bei vielen Kindern Unbehagen oder sogar Angst auslösen kann. Durch das Rollenspiel können sie diese Emotionen in einer kontrollierten Umgebung erleben, was ihnen hilft, ihre Gefühle besser zu verstehen und zu bewältigen. Sie können lernen, Fragen zu stellen, ihre Symptome zu beschreiben und sogar einfühlsam mit anderen Patienten umzugehen.

Aber Rollenspiele müssen nicht immer realitätsnah sein; sie können auch in fantastischen oder imaginären Welten stattfinden. Ob sie nun als Astronauten den Weltraum erkunden oder als Piraten auf Schatzsuche gehen, diese Szenarien bieten eine Fülle von Möglichkeiten für emotionales und soziales Lernen. In einer Fantasiewelt können Kinder Emotionen wie Mut, Entschlossenheit und Teamgeist erleben, die sie dann auf reale Situationen übertragen können.

Diese Vielfalt an Szenarien erweitert nicht nur den emotionalen Wortschatz der Kinder, sondern fördert auch ihre Fähigkeit, sich in andere hineinzuversetzen. Sie lernen, wie es ist, in den Schuhen eines anderen zu stehen, sei es ein Mitschüler, ein Arzt oder ein Piratenkapitän. Diese Fähigkeit zur Perspektivübernahme ist ein wichtiger Baustein für die Entwicklung von Empathie und sozialen Fähigkeiten.

Die Spiele

Spiel 1: Der Emotions-Supermarkt

Ziel des Spiels:
Ihr Kind erkundet verschiedene Emotionen, indem es in einem imaginären Supermarkt einkauft. Dieses Spiel eignet sich auch hervorragend für ein einzelnes Kind.

Materialien:

- Verschiedene Karten, auf denen Emotionsnamen wie „Freude", „Wut" oder „Traurigkeit" stehen
- Spielgeld

Anleitung:

Vorbereitung

o Beschriften Sie die Karten mit verschiedenen Emotionen. Sie können auch kleine Bilder oder Symbole hinzufügen, die die jeweilige Emotion darstellen.
o Legen Sie die Karten gut sichtbar aus, etwa auf einem Tisch oder auf dem Boden.
o Geben Sie Ihrem Kind eine bestimmte Menge an Spielgeld.

Spielablauf

o Ihr Kind erhält das Spielgeld und darf damit im „Emotions-Supermarkt" einkaufen.
o Erklären Sie, dass jede Emotionskarte einen bestimmten „Preis" hat, den Ihr Kind mit dem Spielgeld bezahlen muss.
o Ihr Kind geht nun durch den „Supermarkt" und wählt Karten aus, die es interessieren. Es legt das Spielgeld als Bezahlung daneben.
o Nachdem alle „Einkäufe" getätigt sind, sammeln Sie die ausgewählten Karten und das Spielgeld ein.

Nach dem Spiel setzen Sie sich mit Ihrem Kind zusammen und sprechen über die „gekauften" Emotionen. Fragen Sie, warum es sich für diese bestimmten Emotionen entschieden hat.

Tipps für Eltern:

- Nutzen Sie die Gelegenheit, um mehr über die Gefühlswelt Ihres Kindes zu erfahren. Was bedeuten die ausgewählten Emotionen für Ihr Kind? Gibt es eine Geschichte oder ein Erlebnis, das mit einer der Emotionen verbunden ist?
- Sie könnten auch eine „Emotions-Kasse" einführen, in der Ihr Kind nach dem Spiel die „gekauften" Emotionen „aufbewahren" kann. So entsteht ein wiederkehrendes Element, das Ihr Kind dazu anregt, sich regelmäßig mit seinen Emotionen auseinanderzusetzen.

Herausforderungen und wie Sie ihnen begegnen können:

- Manche Emotionen sind komplex und schwer zu identifizieren. In solchen Fällen können Sie Ihrem Kind helfen, indem Sie einfache Beispiele oder Geschichten verwenden.
- Das Spiel kann länger dauern, als Sie erwarten. Stellen Sie sicher, dass genügend Zeit vorhanden ist, um das Spiel ohne Stress zu genießen.
- Wenn Ihr Kind die Spielregeln nicht sofort versteht, nehmen Sie sich die Zeit für eine klare Erklärung.
- Dieses Spiel erfordert Konzentration. Versuchen Sie, Ablenkungen wie Fernseher oder Smartphones während des Spiels zu minimieren.
- Das Spiel kann emotionale Reaktionen hervorrufen. Seien Sie darauf vorbereitet, um angemessen reagieren zu können.

Spiel 2: Gefühlsdetektive

Ziel des Spiels:
Ihr Kind lernt, die Emotionen anderer Personen anhand von Gesichtsausdrücken zu erkennen und zu interpretieren.

Materialien:

Verschiedene Fotos oder Zeichnungen von Menschen, die unterschiedliche Emotionen wie Freude, Traurigkeit, Wut oder Überraschung zeigen.

Anleitung:

Vorbereitung

o Sammeln Sie Fotos oder Zeichnungen, die verschiedene Gesichtsausdrücke darstellen. Sie können diese aus Zeitschriften ausschneiden oder aus dem Internet ausdrucken.

o Legen Sie die Bilder so aus, dass Ihr Kind sie gut sehen kann, beispielsweise auf einem Tisch oder auf dem Boden.

Spielablauf

o Ihr Kind sitzt vor den ausgelegten Bildern und betrachtet sie nacheinander.

o Bei jedem Bild soll Ihr Kind versuchen, die dargestellte Emotion zu benennen. Ist es Freude, Traurigkeit, Wut oder vielleicht Überraschung?

o Nachdem alle Bilder betrachtet und die Emotionen benannt wurden, gehen Sie gemeinsam die Antworten durch. Bestätigen Sie die richtigen Einschätzungen und klären Sie eventuelle Unklarheiten.

Tipps für Eltern:

- Nutzen Sie die Gelegenheit, um mit Ihrem Kind über die Bedeutung von Mimik und Körpersprache in der Kommunikation zu sprechen. Warum ist es nützlich, die Emotionen anderer Menschen erkennen zu können?
- Fragen Sie Ihr Kind, ob es Situationen gibt, in denen es ihm schwerfiel, die Emotionen anderer zu deuten. Gibt es bestimmte Gesichtsausdrücke oder Emotionen, die es verwirrend findet?
- Sie können das Spiel erweitern, indem Sie Ihr Kind fragen, wie es in bestimmten emotionalen Situationen reagieren würde. Was würde es tun, wenn jemand traurig oder wütend ist? Bei nur einem Kind können Sie als Elternteil ebenfalls teilnehmen und gemeinsam die Emotionen in den Bildern interpretieren.

Herausforderungen und wie Sie ihnen begegnen können:

- Das Spiel erfordert ein gewisses Maß an Empathie und Beobachtungsgabe. Wenn Ihr Kind Schwierigkeiten hat, diese Fähigkeiten einzusetzen, geben Sie sanfte Hinweise oder Beispiele.
- Das Erraten der Emotionen kann manchmal Zeit in Anspruch nehmen. Ermutigen Sie Ihr Kind, geduldig zu sein und nicht zu frustriert zu werden, wenn es nicht sofort die richtige Antwort findet.
- Es ist möglich, dass Emotionen falsch interpretiert werden. Nutzen Sie diese Gelegenheiten für lehrreiche Momente und klären Sie eventuelle Missverständnisse auf.
- Manche Kinder könnten sich unwohl fühlen, wenn sie ihre Emotionen teilen müssen. Respektieren Sie ihre Grenzen und ermutigen Sie sie, in ihrem eigenen Tempo voranzukommen.
- Das Spiel kann unerwartete emotionale Reaktionen hervorrufen. Seien Sie darauf vorbereitet und nutzen Sie diese Momente für konstruktive Gespräche.

Spiel 3: Was würdest du tun?

Ziel des Spiels:
Ihr Kind lernt, in verschiedenen emotionalen Situationen angemessen zu reagieren.

Materialien:

Verschiedene Karten mit Szenarien. Hier einige Beispiele:

- Was tust du, wenn dein Freund traurig ist?
- Wie reagierst du, wenn du sehr wütend bist?
- Was machst du, wenn jemand in der Schule gemobbt wird?
- Wie gehst du damit um, wenn du eine schlechte Note bekommst?
- Was tust du, wenn du dich ausgeschlossen fühlst?
- Wie verhältst du dich, wenn jemand deine Sachen ohne Erlaubnis nimmt?

Anleitung:

Vorbereitung

- Schreiben Sie die verschiedenen Szenarien auf Karten oder kleine Zettel.
- Mischen Sie die Karten gut durch und legen Sie sie verdeckt auf einen Tisch.

Spielablauf

- Ihr Kind zieht eine Karte vom Stapel und liest das darauf stehende Szenario.
- Anschließend nimmt sich Ihr Kind einen Moment Zeit, um darüber nachzudenken, wie es in dieser speziellen Situation reagieren würde.
- Ihr Kind spielt das Szenario durch, entweder durch Erzählen oder durch Nachspielen der Situation.

Nach dem Durchspielen des Szenarios diskutieren Sie gemeinsam, ob die Reaktion angemessen war oder nicht. Dabei können Sie auch alternative Handlungsmöglichkeiten besprechen.

Tipps für Eltern:

- Sprechen Sie bei dieser Gelegenheit tiefgehender mit Ihrem Kind über die verschiedenen Szenarien:
  - Warum hat es sich für diese spezielle Reaktion entschieden?
  - Gibt es andere Möglichkeiten, die es in Betracht gezogen hat?
  - Fragen Sie Ihr Kind, ob es schon einmal in einer ähnlichen Situation war und wie es damals reagiert hat.
  - Würde es heute anders reagieren?
- Besprechen Sie die Bedeutung von Empathie und Verständnis in emotionalen Situationen. Wie fühlt sich die andere Person wohl in dem jeweiligen Szenario?
- Erörtern Sie die langfristigen Auswirkungen bestimmter Handlungen und Entscheidungen. Was passiert, wenn man in einer bestimmten Situation gut oder schlecht reagiert?

Herausforderungen und wie Sie ihnen begegnen können:

- Das Spiel kann Fragen aufwerfen, die moralisch komplex sind. Seien Sie darauf vorbereitet, einfühlsam und offen für die Gedanken und Gefühle Ihres Kindes zu sein.
- Manchmal können die Szenarien vage sein und zu Verwirrung führen. In solchen Fällen ist es hilfreich, das Szenario gemeinsam zu klären.
- Da das Spiel auf hypothetischen Situationen basiert, können starke emotionale Reaktionen ausgelöst werden. Nutzen Sie diese Gelegenheiten für ein offenes Gespräch über Emotionen und Reaktionen.
- Ihr Kind könnte eine andere Sichtweise auf die Situation haben als Sie. Sehen Sie dies als Gelegenheit, mehr über die Denkweise Ihres Kindes zu erfahren.
- Da jede Frage eine Diskussion auslösen kann, sollten Sie sicherstellen, dass genügend Zeit für das Spiel vorhanden ist.

Rollenspiele sind ein effektives Mittel, um die emotionale Bildung zu fördern. Sie schaffen eine spielerische, aber dennoch ernsthafte Plattform, um die Welt der Gefühle zu entdecken. Mit sachkundiger Begleitung und Förderung können sie wesentlich zur emotionalen und sozialen Reifung Ihres Kindes beitragen.

Entspannung durch Atemübungen: Die „Schmetterlingsatmung"

Die „Schmetterlingsatmung" ist eine einfache Methode, die Kinder dabei unterstützt, sich zu beruhigen und zu fokussieren. Durch die bewusste Konzentration auf den Atem lernen die Kinder, ihre Gedanken zu ordnen und ihre Emotionen besser zu steuern. Dies ist besonders nützlich in stressigen oder emotional aufgeladenen Momenten, in denen eine schnelle Beruhigung erforderlich ist. In einer Welt, die von Hektik und Reizüberflutung geprägt ist, bietet diese Atemübung eine willkommene Pause und die Gelegenheit, sich auf das Hier und Jetzt zu konzentrieren.

Förderung von Stressbewältigung und Emotionsregulation

Die „Schmetterlingsatmung" ist ein effektives Mittel zur Bewältigung von Stress und zur Regulierung der Gefühlswelt. Kinder, die diese Atemübung regelmäßig praktizieren, gewinnen ein tieferes Verständnis für die Dynamik ihrer eigenen Emotionen. Sie lernen, Anzeichen von Stress oder Unruhe frühzeitig zu erkennen, und können dann gezielt ihre Atmung als Beruhigungsmechanismus einsetzen. Diese bewusste Auseinandersetzung mit dem eigenen Atem und den damit verbundenen Emotionen hat weitreichende positive Effekte. Sie fördert nicht nur die emotionale Klugheit, sondern auch die Fähigkeit zur Selbststeuerung. Kinder, die in der Lage sind, ihre Gefühle besser zu verstehen und zu kontrollieren, können angemessener auf herausfordernde oder stressige Situationen reagieren. Sie entwickeln ein höheres Maß an innerer Stabilität und sind besser darauf vorbereitet, die Höhen und Tiefen des Alltags zu meistern.

Stärkung der Verbindung zwischen Atmung & emotionalem Wohlbefinden

Unsere Atmung ist nicht nur für die Sauerstoffversorgung des Körpers verantwortlich, sondern spielt auch eine entscheidende Rolle für unsere seelische Ausgeglichenheit. Ein ruhiger, gleichmäßiger Atemfluss kann dazu beitragen, Gefühle von Anspannung und Nervosität zu mindern. Durch die Praxis der „Schmetterlingsatmung" lernen Kinder, diese natürliche Symbiose zwischen Atmung und Gefühlswelt bewusst für sich zu nutzen. Die Kinder erfahren, wie sie durch bewusste Atemkontrolle ihre innere Balance fördern können. Sie lernen, dass ein tiefer, ruhiger Atem nicht nur den Körper, sondern auch den Geist beruhigt. Diese Erkenntnis kann für die Kinder ein Schlüssel zu einer verbesserten Lebensqualität sein, da sie lernen, ihre Emotionen nicht als bedrohlich oder unkontrollierbar zu empfinden, sondern als etwas, das sie aktiv steuern können. In einer Zeit, in der Stress und emotionale Herausforderungen immer mehr an Bedeutung gewinnen, bietet die „Schmetterlingsatmung" eine einfache, aber wirkungsvolle Methode zur Förderung dieser wichtigen Lebenskompetenzen. Sie ist ein nützliches Instrument, das Kinder auf ihrem Weg zu emotional stabilen und selbstsicheren Individuen unterstützt.

Warum die „Schmetterlingsatmung"?

Atemübungen sind eine alte Praxis, die in verschiedenen Kulturen und Traditionen Anwendung findet. Wissenschaftliche Studien haben die Wirksamkeit von Atemtechniken zur Stressreduktion und Verbesserung der emotionalen Gesundheit bestätigt. Die „Schmetterlingsatmung" ist eine kindgerechte Methode, die spielerisch und einfach umzusetzen ist. Wie dies gelingt, erfahren Sie nachfolgend:

Praktische Anleitung: Wie führt man die „Schmetterlingsatmung" durch?

- Suchen Sie einen ruhigen Ort in Ihrer Wohnung oder Ihrem Haus, an dem Ihr Kind sich wohlfühlt und ungestört ist. Dies könnte ein gemütlicher Sessel im Wohnzimmer oder ein ruhiges Eckchen im Kinderzimmer sein. Die Umgebung sollte frei von Ablenkungen wie Fernseher oder lauten Geräuschen sein.
- Bitten Sie Ihr Kind, sich bequem hinzusetzen oder hinzulegen. Die Hände sollten auf den Bauch gelegt werden, etwa in Höhe des Nabels. Dies hilft, die Atmung besser wahrzunehmen, und fördert die Konzentration auf den Atem.
- Beginnen Sie mit einer tiefen Einatmung durch die Nase. Zählen Sie dabei langsam bis drei. Ermutigen Sie Ihr Kind, sich vorzustellen, wie der Atem wie ein sanfter Wind durch die Nase einströmt und den Bauch wie einen Ballon aufbläst.
- Nach dem Einatmen halten Sie beide den Atem für einen kurzen Moment an. Dies ist der Zeitpunkt, an dem Ihr Kind die Fülle des Atems im Bauch spüren sollte. Es ist hilfreich, sich in diesem Moment auf das Gefühl der Fülle und Ruhe zu konzentrieren.
- Atmen Sie nun langsam und kontrolliert durch den Mund aus, während Sie bis vier zählen. Stellen Sie sich dabei vor, wie der „Ballon" im Bauch sich langsam entleert und alle Anspannung und Stress mit dem Atem aus dem Körper entweichen.
- Wiederholen Sie diesen Atemzyklus mehrmals, um die Entspannung zu vertiefen. Mit jeder Wiederholung sollten Sie und Ihr Kind sich immer entspannter und ruhiger fühlen.
- Die „Schmetterlingsatmung" gewinnt an Wirksamkeit, wenn sie regelmäßig geübt wird. Versuchen Sie, einen festen Zeitpunkt am Tag für diese Übung zu finden, beispielsweise vor dem Schlafengehen oder nach der Schule.
- Loben Sie Ihr Kind für seine Bemühungen und Fortschritte. Ein einfaches „Du machst das wirklich toll" kann die Motivation und das Selbstbewusstsein Ihres Kindes stärken.

Tipps für Eltern:

- Nutzen Sie die Atemübung als gemeinsame Entspannungszeit, um die Eltern-Kind-Bindung zu stärken.
- Ermutigen Sie Ihr Kind, die „Schmetterlingsatmung" auch in stressigen Situationen anzuwenden, beispielsweise vor einer Klassenarbeit oder bei Aufregung.

Herausforderungen und wie Sie ihnen begegnen können:

- Die Konzentration auf die Atmung kann durch äußere Ablenkungen gestört werden. Versuchen Sie, eine ruhige Umgebung zu schaffen, um die Aufmerksamkeit Ihres Kindes zu fördern.
- Besonders jüngere Kinder könnten Schwierigkeiten haben, sich lange genug auf die Atmung zu konzentrieren. Kurze, spielerische Einheiten können hier Abhilfe schaffen.
- Ihr Kind könnte anfangs Schwierigkeiten haben, die richtige Atemtechnik zu erlernen. Geduld und wiederholtes Üben sind hier der Schlüssel.
- Manche Kinder könnten sich anfangs unwohl fühlen, wenn sie sich auf ihre Atmung konzentrieren. Erklären Sie, dass dies normal ist und mit der Zeit besser wird.
- Vermeiden Sie es, zu hohe Erwartungen an die sofortige Wirksamkeit der Übung zu setzen. Die Vorteile der Schmetterlingsatmung werden sich eher über einen längeren Zeitraum zeigen.

Die „Schmetterlingsatmung" ist eine wertvolle Methode zur Förderung der emotionalen Intelligenz und Selbstregulation bei Kindern. Sie bietet eine einfache und effektive Möglichkeit zur Stressbewältigung und ist ein nützliches Mittel, das Kinder auf ihrem Weg zu emotional ausgewogenen und selbstbewussten Individuen unterstützt.

Fokus und Konzentration steigern

Fokus und Konzentration sind Schlüsselelemente in der Entwicklung eines Kindes. Diese Fähigkeiten sind nicht nur für den schulischen Erfolg, sondern auch für die Bewältigung alltäglicher Herausforderungen unerlässlich. Sie bilden die Grundlage für das Lernen, das Erreichen von Zielen und die Interaktion mit der Umwelt.

Die Bedeutung von Fokus und Konzentration

Fokus und Konzentration sind mehr als nur Schlagworte; sie sind grundlegende Fähigkeiten, die das Fundament für den schulischen und persönlichen Erfolg Ihres Kindes bilden. Kinder, die diese Fähigkeiten meistern, genießen eine Reihe von Vorteilen, die weit über die Schulbank hinausreichen.

Ein ausgeprägter Fokus ermöglicht es Ihrem Kind, sich in einer immer komplexer werdenden Welt zurechtzufinden. Wenn Ihr Kind die Fähigkeit besitzt, seine Aufmerksamkeit gezielt zu lenken, wird es weniger anfällig für die zahlreichen Ablenkungen, die es täglich umgeben. Dies reicht von der Versuchung durch soziale Medien bis hin zu Störungen durch Geschwister oder Haustiere. Ein fokussiertes Kind kann sich besser auf seine Hausaufgaben, das Lesen oder andere Aktivitäten konzentrieren, die seine volle Aufmerksamkeit erfordern. Effizienz ist ein weiterer Vorteil guter Konzentrationsfähigkeiten. Kinder, die sich konzentrieren können, erledigen ihre Aufgaben nicht nur schneller, sondern oft auch mit größerer Genauigkeit. Sie können sich besser auf Details konzentrieren, was in der Schule und bei anderen Aktivitäten, die Präzision erfordern, von großem Nutzen ist.

Die Fähigkeit, Informationen schnell aufzunehmen und zu verarbeiten, ist eng mit der Konzentrationsfähigkeit verknüpft. Ein Kind, das sich gut konzentrieren kann, wird in der Regel auch besser in der Schule abschneiden. Es kann den Unterrichtsstoff schneller verstehen, sich länger auf eine Aufgabe konzentrieren und die Informationen besser im Gedächtnis behalten.

Ein trainiertes Arbeitsgedächtnis und eine gute Merkfähigkeit sind ebenfalls direkte Ergebnisse einer starken Konzentrationsfähigkeit. Das Arbeitsgedächtnis ist für das kurzfristige Speichern und Manipulieren von Informationen verantwortlich, was für das Lösen komplexer Aufgaben unerlässlich ist. Eine gute Merkfähigkeit erleichtert es Ihrem Kind, sich an Fakten, Zahlen und andere wichtige Informationen zu erinnern, was in Tests und Prüfungen von Vorteil ist.

Fokus und Konzentration sind Schlüsselkompetenzen, die Ihr Kind in vielen Lebensbereichen unterstützen. Sie sind die Grundlage für akademische Leistungen, soziale Interaktionen und letztlich für das Erreichen der Ziele, die sich Ihr Kind setzt. Deshalb ist es so bedeutsam, diese Fähigkeiten frühzeitig zu fördern und zu stärken.

Die Herausforderungen beim Aufbau von Fokus und Konzentration

In der heutigen Zeit ist es für Kinder schwieriger denn je, ihre Aufmerksamkeit zu fokussieren und aufrechtzuerhalten. Die Welt, in der sie aufwachsen, ist voller Ablenkungen, die ständig um ihre Aufmerksamkeit konkurrieren. Smartphones, Tablets, Fernseher und sogar die sozialen Interaktionen können die Konzentration Ihres Kindes erheblich beeinträchtigen.

Smartphones und Tablets sind besonders tückische Ablenkungen, da sie speziell darauf ausgelegt sind, die Aufmerksamkeit der Benutzer zu fesseln. Mit einem Fingertipp ist Ihr Kind in der Lage, von einer App zur nächsten zu wechseln, was die Fähigkeit zur Konzentration auf eine einzige Aufgabe erheblich erschwert. Die ständigen Benachrichtigungen und die Verlockung, schnell einmal die neuesten Updates zu checken, können den Fokus Ihres Kindes leicht zerstreuen.

Fernseher und andere Bildschirmmedien bieten eine weitere Herausforderung. Die schnellen Schnitte, lauten Geräusche und bunten Bilder sind so gestaltet, dass sie die Aufmerksamkeit fesseln, aber wenig Raum für konzentriertes Denken lassen. Selbst wenn der Fernseher nur im Hintergrund läuft, kann er die Konzentration erheblich beeinträchtigen.

Doch Ablenkungen sind nicht nur digitaler Natur. Auch die sozialen Interaktionen, sei es mit Geschwistern, Freunden oder Eltern, können die Konzentration stören. Kinder sind von Natur aus neugierig und sozial; sie wollen wissen, was um sie herum passiert. Wenn sie ständig ihre Aufmerksamkeit zwischen verschiedenen Stimuli teilen müssen, fällt es ihnen schwer, sich auf eine einzige Aufgabe zu konzentrieren.

Das ist der Punkt, an dem Sie als Eltern ins Spiel kommen. Ihre Unterstützung ist entscheidend, um Ihrem Kind zu helfen, diese Herausforderungen zu meistern. Durch die Schaffung einer ablenkungsfreien Umgebung, die Förderung von bewussten Pausen und die Anleitung zu konzentriertem Arbeiten können Sie Ihrem Kind wertvolle Fähigkeiten für das Leben vermitteln. Es geht darum, die richtigen Bedingungen zu schaffen und die passenden Werkzeuge bereitzustellen, damit Ihr Kind lernen kann, seine Aufmerksamkeit effektiv zu steuern.

Methoden zur Steigerung von Fokus und Konzentration

Die Verbesserung der Konzentrationsfähigkeit bei Kindern ist ein facettenreiches Unterfangen, das eine Vielzahl von Ansätzen und Methoden erfordert. Glücklicherweise gibt es eine breite Palette an Spielen und Aktivitäten, die speziell darauf abzielen, verschiedene Aspekte der Konzentration und des Fokus zu schärfen.

Gedächtnisspiele wie Memory, die das Arbeitsgedächtnis trainieren, sind hervorragende Werkzeuge. Sie fördern nicht nur die Merkfähigkeit, sondern auch die Fähigkeit, Informationen schnell aufzunehmen und zu verarbeiten. Diese Spiele sind oft so gestaltet, dass sie in Schwierigkeitsgraden kommen, sodass Ihr Kind sich stetig steigern und neue Herausforderungen annehmen kann.

Aktivitäten in der freien Natur bieten eine ganz andere, aber ebenso wertvolle Möglichkeit zur Steigerung der Konzentration. Durch die bewusste Wahrnehmung der Umgebung, etwa beim Beobachten von Vögeln oder dem Sammeln von Blättern, lernt Ihr Kind, seine Aufmerksamkeit zu fokussieren. Diese Aktivitäten fördern auch die Achtsamkeit und helfen Ihrem Kind, einen tieferen Bezug zur Natur und zur eigenen Umwelt zu entwickeln.

Das aktive Zuhören ist eine weitere Schlüsselkompetenz, die durch spezielle Übungen geschult werden kann. Spiele, die das Hören und Wiedergeben von Informationen fördern, verbessern nicht nur das auditive Gedächtnis, sondern auch die Fähigkeit, auf verbale Anweisungen oder Erzählungen zu achten. Dies ist besonders nützlich in schulischen Kontexten, wo das Zuhören und Verstehen von Informationen oft entscheidend ist.

Bewegungsspiele, die körperliche Aktivität mit konzentriertem Handeln kombinieren, bieten eine doppelte Herausforderung. Durch die Verknüpfung von Bewegung und Denken lernt Ihr Kind, seine motorischen Fähigkeiten und seine geistige Aufmerksamkeit gleichzeitig zu nutzen. Ob es sich um ein einfaches Fangspiel handelt, bei dem Ihr Kind gleichzeitig eine Rechenaufgabe lösen muss, oder um komplexere Spiele, die Koordination und Strategie erfordern – die Möglichkeiten sind vielfältig.

Jede dieser Methoden hat ihre eigenen Vorzüge und kann je nach den individuellen Bedürfnissen und Vorlieben Ihres Kindes angepasst werden. Durch die Kombination verschiedener Ansätze schaffen Sie ein umfassendes Trainingsprogramm, das die Konzentrationsfähigkeit Ihres Kindes auf vielfältige Weise fördert.

In den folgenden Abschnitten dieses Kapitels werden detailliert verschiedene Spiele und Übungen beschrieben, die speziell darauf abzielen, die Fähigkeit Ihres Kindes zur Konzentration und zum Fokus zu steigern. Dabei wird auch darauf eingegangen, wie diese Aktivitäten nicht nur die Aufmerksamkeit, sondern auch andere Schlüsselkompetenzen wie das Gedächtnis, die Wahrnehmung und die Kommunikationsfähigkeiten fördern.

So bietet dieses Kapitel eine breite Palette an Möglichkeiten, mit denen Sie Ihr Kind auf dem Weg zu einer besseren Konzentration und einem schärferen Fokus begleiten können. Jede Übung und jedes Spiel wird ausführlich erklärt, sodass Sie sofort damit beginnen können, diese wertvollen Fähigkeiten im Alltag Ihres Kindes zu fördern.

Konzentrations-Memory: Aufmerksamkeit und Gedächtnis trainieren

Das Memory-Spiel dient als kraftvolles Werkzeug zur Schärfung der Konzentrationsfähigkeit und zur Verbesserung des Arbeitsgedächtnisses sowie der Merkfähigkeit. Wenn Ihr Kind dieses Spiel spielt, übt es nicht nur, sich Dinge zu merken, sondern auch, seine Aufmerksamkeit gezielt zu lenken. Dabei werden verschiedene kognitive Fähigkeiten trainiert, die weit über das Spiel hinaus von Nutzen sind.

Das Arbeitsgedächtnis ist ein kurzfristiges Speichersystem, das Informationen für eine begrenzte Zeit festhält und manipuliert. Es ist eng mit der Fähigkeit zur Konzentration verknüpft und spielt eine Schlüsselrolle beim Lernen und bei der Problemlösung. Durch das Memory-Spiel wird das Arbeitsgedächtnis aktiviert, da Ihr Kind sich nicht nur an die Position der Karten erinnern muss, sondern auch an die darauf abgebildeten Symbole oder Bilder. Dies fördert die Fähigkeit, mehrere Informationen gleichzeitig im Kopf zu behalten und sie miteinander in Beziehung zu setzen.

Die Merkfähigkeit ist eine weitere kognitive Fähigkeit, die durch das Memory-Spiel gestärkt wird. Ihr Kind muss sich die Positionen und Symbole der Karten merken, um erfolgreiche Paare zu bilden. Diese Übung hilft, die Merkfähigkeit zu verbessern, die für viele schulische und alltägliche Aktivitäten unerlässlich ist. Ob es darum geht, sich Vokabeln einzuprägen oder sich an eine Einkaufsliste zu erinnern, eine gute Merkfähigkeit erleichtert viele Lebensbereiche.

Neben dem Arbeitsgedächtnis und der Merkfähigkeit wird auch die visuelle Wahrnehmung geschult. Ihr Kind lernt, auf Details zu achten und diese mit dem Gesamtbild in Verbindung zu bringen. Dies ist besonders nützlich, wenn es darum geht, komplexe Informationen zu verarbeiten oder sich in einer neuen Umgebung zurechtzufinden. Die Fähigkeit, Details wahrzunehmen und richtig zu interpretieren, ist nicht nur in der Schule, sondern auch in sozialen Interaktionen von Vorteil.

Das Memory-Spiel dient also als umfassende Übung, die verschiedene kognitive Fähigkeiten fördert und Ihr Kind in vielen Lebensbereichen unterstützt. Und das Beste daran: Es macht auch noch Spaß! So wird das Lernen zur angenehmen Erfahrung und Ihr Kind wird motiviert, sich weiterhin auf spielerische Weise zu verbessern. Für die Durchführung des Spiels folgen Sie der nachfolgenden Anleitung:

Das Spiel

Ziel des Spiels:
Ihr Kind verbessert seine Konzentrationsfähigkeit, das Arbeitsgedächtnis und die Merkfähigkeit, während es gleichzeitig die visuelle Wahrnehmung für Details schärft.

Materialien:

- Karten mit verschiedenen Symbolen, Bildern oder Zahlen
- Eine ebene Fläche zum Auslegen der Karten
- Ein Timer (optional)

Anleitung:

Vorbereitung der Spielumgebung

Legen Sie alle Karten verdeckt und in Reihen auf einer ebenen Fläche aus. Stellen Sie sicher, dass die Karten gut gemischt sind, um die Herausforderung zu erhöhen.

Spielbeginn

Ihr Kind darf nun zwei Karten seiner Wahl umdrehen. Der Fokus liegt darauf, sich die Position und das Symbol der umgedrehten Karten zu merken. Sollte nur ein Kind am Spiel teilnehmen, ist das kein Problem; das Spiel eignet sich auch für Einzelspieler.

Paarbildung

Stimmen die Symbole der beiden aufgedeckten Karten überein, hat Ihr Kind ein Paar gefunden. Diese Karten werden aus dem Spiel genommen oder beiseitegelegt.

Weitermachen

Stimmen die Symbole nicht überein, werden die Karten wieder umgedreht und die nächste Runde beginnt. Hier kommt es darauf an, sich an die vorherigen Positionen und Symbole zu erinnern, um in den folgenden Runden Paare zu bilden.

Spielende

Das Spiel ist beendet, wenn alle Kartenpaare gefunden wurden. Bei Verwendung eines Timers können Sie die benötigte Zeit stoppen, um in zukünftigen Spielen eine Verbesserung der Konzentrations- und Merkfähigkeit festzustellen.

Tipps für Eltern:

- Gedächtnisstütze
- Ermutigen Sie Ihr Kind, sich kleine Geschichten oder Assoziationen zu den Symbolen auszudenken. Das macht das Spiel nicht nur interessanter, sondern fördert auch die Merkfähigkeit.
- Zeitmanagement
- Die Verwendung eines Timers kann den Reiz erhöhen und Ihr Kind dazu anregen, sich noch stärker zu konzentrieren. Aber achten Sie darauf, dass der Timer nicht zur Stressquelle wird.
- Varianten
- Um das Spiel anspruchsvoller zu gestalten, können Sie die Anzahl der Karten erhöhen oder zusätzliche Regeln einführen, wie zum Beispiel das Finden von Karten in einer bestimmten Reihenfolge.
- Beobachtung und Feedback
- Nutzen Sie die Gelegenheit, Ihr Kind während des Spiels zu beobachten. Geben Sie positives Feedback zu erfolgreichen Paarbildungen und ermutigen Sie zur Reflexion, wenn es Schwierigkeiten gibt.

Herausforderungen und wie Sie ihnen begegnen können:

- Wenn Ihr Kind Schwierigkeiten hat, sich lange auf das Spiel zu konzentrieren, versuchen Sie, die Anzahl der Karten zu reduzieren oder Pausen einzulegen.
- Einige Kinder könnten enttäuscht sein, wenn sie nicht sofort Erfolg haben. Ermutigen Sie Ihr Kind, indem Sie den Fokus auf den Lernprozess legen, nicht nur auf das Endergebnis.
- Stellen Sie sicher, dass die Spielregeln gut verstanden werden. Ein kurzes Regel-Review vor Spielbeginn kann hilfreich sein.
- Konzentration erfordert Energie. Wenn Ihr Kind müde ist, könnte es sinnvoll sein, das Spiel zu einem anderen Zeitpunkt fortzusetzen.

Naturbeobachtung: Achtsamkeit für Details in der Umgebung

In einer digitalisierten Welt bietet die Natur einen erfrischenden Kontrast und eine einzigartige Gelegenheit zur Förderung der Konzentration und Achtsamkeit bei Kindern. Dieses lebendige Klassenzimmer ist gefüllt mit unzähligen Geheimnissen, die darauf warten, entdeckt zu werden. Es bietet eine Fülle von Stimuli, die die Sinne anregen und die Aufmerksamkeit fesseln.

Das bewusste Erleben der Natur fördert zudem die Achtsamkeit, eine Qualität, die in der heutigen hektischen Welt oft vernachlässigt wird. Achtsamkeit bedeutet, im gegenwärtigen Moment zu leben und die Welt um sich herum bewusst wahrzunehmen. Durch die bewusste Beobachtung der Natur lernt Ihr Kind, den gegenwärtigen Moment zu schätzen und seine Gedanken zu fokussieren. Das hat nicht nur den Vorteil, dass es die Konzentration verbessert, sondern auch, dass es Stress abbaut und das allgemeine Wohlbefinden steigert.

Darüber hinaus bietet das Eintauchen in die natürliche Welt eine wertvolle Gelegenheit, das Umweltbewusstsein zu fördern. Wenn Kinder die Schönheit und Komplexität der Natur erkennen, entwickeln sie eine tiefere Wertschätzung für sie und sind eher geneigt, sich für ihren Schutz einzusetzen. Dies ist ein großer Schritt auf dem Weg zu einer nachhaltigeren und verantwortungsbewussteren Lebensweise.

Das Erkunden der Natur ist also nicht nur ein Mittel zur Steigerung der Aufmerksamkeit und Achtsamkeit, sondern auch ein Weg, eine tiefere Verbindung zur Natur und ein stärkeres Umweltbewusstsein zu fördern. Dieses Kapitel befasst sich eingehender mit verschiedenen Aktivitäten und Spielen, die diese wertvollen Fähigkeiten bei Ihrem Kind fördern können. So wird Ihr Kind nicht nur lernen, die Welt um sich herum besser zu verstehen, sondern auch, sich selbst besser zu verstehen.

Aktivität: Naturbeobachtung

Ziel der Aktivität:
Ihr Kind vertieft seine Aufmerksamkeit für die Umgebung und deren Einzelheiten. Dabei wird die Achtsamkeit und bewusste Wahrnehmung gefördert. Zudem stärkt diese Aktivität die Verbindung zur Natur und sensibilisiert für Umweltthemen.

Materialien:

- Notizbuch und Stifte für Skizzen oder Notizen
- Fernglas für die Beobachtung aus der Ferne
- Lupe für kleine Details
- Ein Naturführer zur Identifizierung von Pflanzen und Tieren (optional)

Anleitung:

Ortswahl

Suchen Sie einen naturnahen Ort auf, der eine Vielzahl von Pflanzen, Tieren und anderen Naturphänomenen bietet. Das kann ein Wald, ein Park oder auch ein Garten sein.

Beobachtungsplatz

Finden Sie einen ruhigen Platz, an dem Ihr Kind ungestört beobachten kann. Das fördert die Konzentration und minimiert Ablenkungen.

Leitfragen und Impulse

Um die Beobachtungsgabe Ihres Kindes zu schärfen und die Erfahrung in der Natur noch bereichernder zu gestalten, können Sie ihm bestimmte Leitfragen oder Impulse mit auf den Weg geben. Diese Fragen dienen dazu, die Aufmerksamkeit auf bestimmte Elemente in der Umgebung zu lenken und die bewusste Wahrnehmung zu fördern. Hier sind einige Anregungen: „Welche verschiedenen Formen der Blätter fallen dir auf?"

- „Hörst du neben dem Vogelgesang auch andere Geräusche?"
- „Wie fühlt sich der Boden unter deinen Füßen an? Ist er weich, hart, feucht?"
- „Welche Düfte nimmst du wahr? Riecht es nach Erde, Blumen oder vielleicht nach Regen?"
- „Kannst du die Bewegungen der Tiere beobachten? Wie bewegen sich die Insekten, Vögel oder vielleicht sogar kleine Säugetiere?"
- „Siehst du Wolken am Himmel? Welche Formen kannst du erkennen?"
- „Gibt es Spuren von Tieren? Vielleicht ein Nest, Fußabdrücke oder angeknabberte Blätter?"
- „Wie verändert sich das Licht im Laufe der Zeit? Wo fällt der Schatten?"
- „Welche Farben siehst du im Sonnenuntergang oder Sonnenaufgang?"
- „Fühlst du den Wind? Woher kommt er und wie stark ist er?"

Notizen und Skizzen

Ermutigen Sie Ihr Kind, seine Beobachtungen im Notizbuch festzuhalten. Das kann in Form von Texten, Skizzen oder beidem sein.

Reflexion

Nach der Beobachtungszeit setzen Sie sich mit Ihrem Kind zusammen und besprechen die gemachten Entdeckungen. Welche Pflanzen oder Tiere wurden entdeckt? Gab es überraschende Momente?

Tipps für Eltern:

- Nehmen Sie selbst an der Beobachtung teil und teilen Sie Ihre eigenen Entdeckungen und Gedanken mit Ihrem Kind. Das macht die Aktivität zu einem gemeinsamen Erlebnis und fördert den Dialog.
- Verschiedene Jahreszeiten bieten unterschiedliche Beobachtungsmöglichkeiten. Im Frühling blühen die Blumen, im Herbst fallen die Blätter. Jede Jahreszeit hat ihre eigenen Reize und Lernmöglichkeiten.
- Sprechen Sie Themen wie Naturschutz und Nachhaltigkeit an:
- Wie fühlt sich Ihr Kind dabei, in der Natur zu sein?
- Was bedeutet es, verantwortungsvoll mit der Umwelt umzugehen?
- Wenn Ihr Kind besonderes Interesse an bestimmten Pflanzen oder Tieren zeigt, können Sie Bücher oder andere Ressourcen zurate ziehen, um mehr darüber zu erfahren.

Herausforderungen und wie Sie ihnen begegnen können:

- Wenn Ihr Kind leicht abgelenkt ist, könnte es hilfreich sein, einen ruhigen Ort für die Naturbeobachtung zu wählen, fernab von lauten Geräuschen oder anderen Ablenkungen.
- Manche Kinder finden es anfangs vielleicht nicht spannend, die Natur zu beobachten. In diesem Fall könnten Sie die Aktivität interessanter gestalten, indem Sie kleine Aufgaben oder Rätsel einbauen.
- Naturbeobachtung erfordert Geduld. Wenn Ihr Kind ungeduldig wird, könnten Sie kurze, zeitlich begrenzte Beobachtungsphasen integrieren.
- Schlechtes Wetter kann die Aktivität erschweren. Ein Plan B für Indoor-Aktivitäten kann in solchen Fällen nützlich sein.
- Stellen Sie sicher, dass Ihr Kind versteht, was es während der Naturbeobachtung tun soll. Klare Anweisungen und eventuell eine kleine Einführung können hier Abhilfe schaffen.

Diese Aktivität ist nicht nur eine Bereicherung für die Sinne, sondern auch ein effektives Mittel, um die Konzentration und die Wertschätzung für die Natur zu steigern. Es ist eine wunderbare Möglichkeit, die Freude an der Entdeckung und das Bewusstsein für die Umwelt zu fördern.

Hör-Memo: Fokussiertes Zuhören und Wiedergeben

Das gezielte Zuhören ist eine Kunst, die in der heutigen schnelllebigen Gesellschaft leicht in Vergessenheit geraten kann. Dabei bietet gerade das bewusste Hören zahlreiche Möglichkeiten zur kognitiven Entwicklung. Wenn Ihr Kind lernt, Klänge, Worte oder Sätze mit Aufmerksamkeit zu hören und sich daran zu erinnern, trainiert es sein auditives Gedächtnis. Dieses Training wirkt sich positiv auf die Fähigkeit aus, verbale Informationen aufzunehmen und zu verarbeiten. Das ist nicht nur im schulischen Kontext von Nutzen, sondern auch in alltäglichen Situationen, in denen verbale Kommunikation eine Schlüsselkomponente ist.

Aktives Zuhören geht noch einen Schritt weiter. Es umfasst nicht nur das Hören, sondern auch das Verstehen und Interpretieren der gehörten Informationen. Dies schärft die Kommunikationsfähigkeiten Ihres Kindes und fördert zudem die Empathie. Ihr Kind wird in der Lage sein, den emotionalen Unterton in der Stimme einer Person zu erkennen und darauf einfühlsam zu reagieren.

Darüber hinaus fördert das aktive Zuhören die Geduld und die Fähigkeit, sich über längere Zeiträume zu konzentrieren. In einer Ära, in der schnelle Reaktionen und die Fähigkeit zum Multitasking oft im Vordergrund stehen, bietet das bewusste Hören eine Gelegenheit zur Entschleunigung. Es erlaubt Ihrem Kind, sich voll und ganz auf eine Aktivität zu fokussieren, was wiederum die Aufmerksamkeitsspanne erhöht.

Das Hör-Memo-Spiel, das nun vorgestellt wird, kombiniert all diese Elemente in einem spielerischen Format. Es bietet Ihnen als Eltern eine ausgezeichnete Gelegenheit, die auditiven und kommunikativen Fähigkeiten Ihres Kindes zu fördern, während Sie gleichzeitig wertvolle Zeit miteinander verbringen.

Das Spiel

Ziel des Spiels:

Ihr Kind trainiert sein auditives Gedächtnis und verbessert seine Fähigkeit, auf verbale Informationen zu achten. Das Spiel fördert zudem aktives Zuhören und schärft die Kommunikationsfähigkeiten.

Materialien:

- Eine Auswahl an verschiedenen Geräuschen oder kurzen Musikstücken, die auf einem Smartphone oder Computer abgespielt werden können
- Ein Notizblock und Stifte für jedes teilnehmende Kind

Anleitung:

Vorbereitung der Geräusche

Stellen Sie eine Liste von verschiedenen Geräuschen oder kurzen Musikstücken zusammen. Dies können Tiergeräusche, Instrumente oder Alltagsgeräusche wie das Ticken einer Uhr sein.

Einführung

Erklären Sie Ihrem Kind, dass es genau zuhören muss, um sich an die Reihenfolge der Geräusche zu erinnern.

Abspielen der Geräusche

Spielen Sie die ausgewählten Geräusche oder Musikstücke in einer bestimmten Reihenfolge ab. Beginnen Sie vielleicht mit einer kleineren Anzahl und steigern Sie die Komplexität, je nachdem, wie gut Ihr Kind zurechtkommt.

Wiedergabe

Nachdem alle Geräusche abgespielt wurden, bekommt Ihr Kind die Gelegenheit, die Reihenfolge der Geräusche wiederzugeben. Es kann dies verbal tun oder die Geräusche auf dem Notizblock aufzeichnen.

Überprüfung

Vergleichen Sie die Antworten Ihres Kindes mit der ursprünglichen Reihenfolge der Geräusche. Loben Sie Ihr Kind für jede richtige Antwort und besprechen Sie gemeinsam die Geräusche, die es nicht richtig erkannt hat.

Tipps für Eltern:

- Sprechen Sie bei dieser Gelegenheit mit Ihrem Kind über die Bedeutung des aktiven Zuhörens. Erklären Sie, wie diese Fähigkeit in verschiedenen Lebensbereichen nützlich ist – von der Schule bis zu persönlichen Beziehungen.
- Wenn Ihr Kind Schwierigkeiten hat, sich an die Geräusche zu erinnern, versuchen Sie, die Anzahl der Geräusche zu reduzieren, oder geben Sie kleine Hinweise.
- Um das Spiel anspruchsvoller zu gestalten, können Sie die Anzahl der Geräusche erhöhen oder ähnlich klingende Geräusche verwenden, um die Differenzierungsfähigkeit zu fördern.
- Dieses Spiel lässt sich wunderbar in den Alltag integrieren. Beispielsweise können Sie es während einer Autofahrt spielen oder wenn Sie auf den Bus warten. So wird aus Wartezeit eine produktive und lehrreiche Zeit.

Herausforderungen und wie Sie ihnen begegnen können:

- Wenn Ihr Kind Schwierigkeiten hat, sich zu konzentrieren, versuchen Sie, die Dauer der Hörsequenzen zu verkürzen oder die Anzahl der zu merkenden Elemente zu reduzieren.
- In einer lauten Umgebung kann das Spiel schwierig werden. Suchen Sie sich einen ruhigen Raum oder nutzen Sie Kopfhörer, um Störgeräusche zu minimieren.
- Falls Ihr Kind das Spiel nicht ansprechend findet, könnten Sie die Geräusche oder Musikstücke auswählen, die Ihr Kind besonders mag.
- Sorgen Sie dafür, dass die Spielregeln und Ziele klar verständlich sind. Eine kurze Demonstration kann hierbei hilfreich sein.
- Wenn Ihr Kind die gehörten Sequenzen schnell vergisst, könnte eine Wiederholung der Sequenzen oder eine kurze Pause zwischen den Runden hilfreich sein.

Bewegungsspiele: Körperliche Aktivität zur Steigerung des Fokus

Bewegung ist nicht nur für die körperliche Gesundheit von Bedeutung, sondern auch ein Schlüssel zur Verbesserung der kognitiven Fähigkeiten, insbesondere der Konzentration und des Fokus. Durch körperliche Aktivität wird die Durchblutung angeregt, was wiederum die Versorgung des Gehirns mit Sauerstoff und Nährstoffen verbessert. Dies hat einen direkten Einfluss auf die Fähigkeit des Kindes, sich zu konzentrieren und aufmerksam zu sein.

Bewegungsspiele bieten eine ausgezeichnete Gelegenheit, Bewegung und konzentriertes Handeln miteinander zu verknüpfen. Sie fördern nicht nur die Koordination, sondern auch die Konzentration. Das Kind lernt, seine motorischen Fähigkeiten zu nutzen, während es gleichzeitig seine Aufmerksamkeit fokussiert. Dies ist besonders nützlich, da Kinder oft viel Energie haben, die sie auf produktive Weise kanalisieren müssen.

Aktive Pausen sind ebenfalls ein Bestandteil dieses Konzepts. Sie bieten dem Kind die Möglichkeit, seine Energie in kurzen, intensiven Bewegungseinheiten abzubauen, was sich positiv auf die Aufmerksamkeit und das allgemeine Wohlbefinden auswirkt. Stellen Sie sich aktive Pausen als kleine „Energieladestationen" vor, die Ihrem Kind helfen, seine Batterien wieder aufzuladen und sich besser auf die nächste Aufgabe zu konzentrieren.

In der heutigen Zeit, in der Bildschirmzeit und sitzende Aktivitäten immer mehr Raum einnehmen, sind Bewegungsspiele ein wertvolles Werkzeug, um das Kind zu einer ausgewogenen Entwicklung zu ermutigen. Sie bieten eine willkommene Abwechslung und sind eine effektive Methode, um die Konzentration auf spielerische Weise zu steigern.

Im Folgenden werden drei verschiedene Bewegungsspiele vorgestellt, die speziell darauf ausgerichtet sind, die Konzentration und Koordination Ihres Kindes zu fördern. Jedes Spiel hat seine eigenen Besonderheiten und Vorteile, sodass das am besten geeignete ausgewählt werden kann.

Die Spiele

Spiel 1: Der Fokus-Parcours

Ziel des Spiels:

Das Kind verbessert seine Konzentration und Koordination, indem es einen Parcours mit verschiedenen Stationen durchläuft. Jede Station stellt eine spezielle Herausforderung dar, die sowohl körperliche Geschicklichkeit als auch geistige Aufmerksamkeit erfordert.

Materialien:

- Hütchen oder Markierungen zur Abgrenzung der Stationen
- Ein Ball
- Ein Seil oder eine Sprungstange
- Ein kleines Kissen oder ein weiches Spielzeug
- Ein Timer oder eine Stoppuhr

Anleitung:

Vorbereitung

Legen Sie einen Parcours mit verschiedenen Stationen aus. Jede Station sollte eine spezielle Aufgabe oder Herausforderung darstellen. Zum Beispiel könnte eine Station das Balancieren auf einem Bein sein, während eine andere das Werfen und Fangen eines Balls beinhaltet.

Spielablauf

o Erklären Sie dem Kind jede Station und die damit verbundene Aufgabe, zum Beispiel: „An dieser Station musst du auf einem Bein stehen und dabei einen Ball in der Luft halten."

o Starten Sie den Timer oder die Stoppuhr. Das Kind beginnt am Startpunkt des Parcours und durchläuft jede Station, um die jeweilige Aufgabe zu erfüllen.

o Nachdem das Kind alle Stationen durchlaufen hat, stoppen Sie die Zeit. Notieren Sie diese, um den Fortschritt messen zu können.

Besprechen Sie nach dem Spiel mit dem Kind/den Kindern, welche Stationen besonders herausfordernd waren und warum. Dies bietet eine gute Gelegenheit, über die Bedeutung von Konzentration und Koordination zu sprechen.

Tipps für Eltern:

- Variieren Sie die Stationen und Aufgaben, um das Spiel spannend und herausfordernd zu gestalten.
- Nutzen Sie die Gelegenheit, um mit Ihrem Kind über die Erfahrungen während des Spiels zu sprechen. Welche Stationen waren einfach? Welche waren schwierig? Warum?
- Dieses Spiel eignet sich hervorragend, um die Konzentration und Koordination in einem realen, dynamischen Umfeld zu trainieren. Es bietet auch eine ausgezeichnete Gelegenheit, die Bedeutung von Ausdauer und Durchhaltevermögen zu thematisieren.

Herausforderungen und wie Sie ihnen begegnen können:

- Wenn Ihr Kind leicht ablenkbar ist, versuchen Sie, den Parcours in einer Umgebung aufzubauen, die möglichst wenige Ablenkungen bietet.
- Falls Ihr Kind die Anweisungen nicht sofort versteht, nehmen Sie sich die Zeit, diese noch einmal ruhig und deutlich zu erklären.
- Manchmal kann der Parcours schwierig sein. Ermutigen Sie Ihr Kind, es erneut zu versuchen, und betonen Sie den Lernprozess statt des Ergebnisses.
- Ein Parcours kann anstrengend sein. Achten Sie auf Anzeichen von Müdigkeit und legen Sie bei Bedarf Pausen ein.
- Wenn Ihr Kind zu sehr darauf fokussiert ist, den Parcours „perfekt“ zu absolvieren, lenken Sie den Fokus eher auf den Spaß an der Aktivität und das gemeinsame Erlebnis.

Spiel 2: Der Balance-Akt

Ziel des Spiels:
Das Kind übt, seine Aufmerksamkeit und sein Gleichgewicht gleichzeitig zu halten. Dieses Spiel schult die Fähigkeit, mehrere Dinge gleichzeitig zu beachten, und fördert die körperliche Koordination.

Materialien:

- Ein Balancebrett oder ein dickes Buch
- Ein kleiner Ball oder ein anderes rundes Objekt
- Ein Timer oder eine Stoppuhr

Anleitung:

Vorbereitung

- Platzieren Sie das Balancebrett oder das dicke Buch auf dem Boden. Das Kind soll darauf stehen.

Spielablauf

o Geben Sie dem Kind den Ball in die Hand und erklären Sie die Aufgabe: Während es auf dem Balancebrett steht, soll es den Ball von einer Hand in die andere werfen und fangen.

o Starten Sie den Timer oder die Stoppuhr. Das Kind versucht nun, so lange wie möglich auf dem Balancebrett zu stehen, während es den Ball hin und her wirft.

o Stoppen Sie die Zeit, wenn das Kind das Gleichgewicht verliert oder den Ball fallen lässt. Notieren Sie die Zeit, um den Fortschritt zu messen.

Besprechen Sie mit dem Kind nach dem Spiel, wie es sich während der Übung gefühlt hat. Gab es Momente, in denen es besonders schwierig war, das Gleichgewicht zu halten?

Tipps für Eltern:

- Sie können die Schwierigkeit erhöhen, indem Sie das Kind auffordern, den Ball höher zu werfen oder schneller von einer Hand zur anderen zu bewegen.
- Sprechen Sie mit Ihrem Kind über die Bedeutung von Fokus und Koordination im Alltag, zum Beispiel beim Sport oder in der Schule.
- Dieses Spiel bietet eine hervorragende Möglichkeit, die körperliche und geistige Agilität Ihres Kindes zu fördern. Es erfordert sowohl Konzentration als auch körperliche Geschicklichkeit und ist daher eine umfassende Übung für die Entwicklung wichtiger Fähigkeiten. Zu diesen Fähigkeiten gehören die Verbesserung der Hand-Auge-Koordination, die Steigerung der Aufmerksamkeitsspanne und die Förderung der Multitasking-Fähigkeiten. Darüber hinaus schult das Spiel die Geduld und die Fähigkeit zur Selbstbeobachtung, da Ihr Kind lernen wird, seine eigenen Bewegungen und Reaktionen bewusst wahrzunehmen.

Herausforderungen und wie Sie ihnen begegnen können:

- Falls Ihr Kind Probleme mit dem Gleichgewicht hat, können Sie Hilfsmittel wie einen Stuhl oder eine Wand zur Unterstützung anbieten.
- Sollten die Spielregeln nicht sofort klar sein, nehmen Sie sich einen Moment, um sie in einfachen Worten zu erläutern.
- Manche Kinder könnten sich unsicher fühlen, besonders wenn sie das erste Mal balancieren. Ermutigen Sie Ihr Kind, in seinem eigenen Tempo voranzukommen.
- Wenn die Konzentration nachlässt, erinnern Sie Ihr Kind daran, den Fokus auf einen festen Punkt im Raum zu legen, um das Gleichgewicht besser halten zu können.
- Balancieren kann anstrengend sein. Achten Sie darauf, dass Ihr Kind bei Bedarf Pausen macht und sich ausruht.

Spiel 3: Gedächtnis-Tanz

Ziel des Spiels:
Dieses Spiel fördert die Konzentration und das Gedächtnis Ihres Kindes durch das Kombinieren von Bewegung und Merkfähigkeit.

Materialien:

- Musikplayer oder ein Instrument
- Ein offener Raum zum Tanzen
- Karten mit verschiedenen Tanzbewegungen, zum Beispiel:
  - Drehung
  - Hüpfen
  - Arme hoch
  - Seitwärtsschritt
  - Klatschen
  - Fußstampfen
  - Hände auf die Hüften
  - Kniebeuge
  - Springen
  - Winken

Anleitung:

- Legen Sie die Karten mit den Tanzbewegungen in einer Reihe aus.
- Starten Sie die Musik. Ihr Kind tanzt zur Musik und führt dabei die Tanzbewegungen aus, die auf den Karten stehen.
- Nach jeder Runde fügen Sie eine neue Bewegungskarte hinzu. Ihr Kind muss sich die Reihenfolge der Tanzbewegungen merken und diese in der richtigen Reihenfolge ausführen.
- Das Spiel geht so lange weiter, bis Ihr Kind die Reihenfolge nicht mehr korrekt wiedergeben kann oder möchte. Dann wird gezählt, wie viele Bewegungen es sich merken konnte.

Tipps für Eltern:
Dieses Spiel ist nicht nur eine hervorragende Möglichkeit, die Konzentration und das Gedächtnis Ihres Kindes zu fördern, sondern auch dessen Kreativität und Freude an der Bewegung. Erhöhen Sie auf Wunsch die Schwierigkeit, indem Sie komplexere Tanzbewegungen oder ein schnelleres Tempo einfügen.

Herausforderungen und wie Sie ihnen begegnen können:

- Falls Ihr Kind Schwierigkeiten hat, den Rhythmus zu finden, können Sie zuerst mit einfacheren Bewegungen und einem langsameren Tempo beginnen.
- Manche Kinder könnten die Tanzschritte als zu kompliziert empfinden. In diesem Fall ist es hilfreich, die Schritte in kleinere Segmente zu unterteilen und diese einzeln zu üben.
- Wenn Ihr Kind leicht abgelenkt wird, versuchen Sie, die Umgebung so ruhig wie möglich zu gestalten, um die Konzentration zu fördern.
- Einige Kinder könnten sich unsicher fühlen, wenn sie vor anderen tanzen. Ermutigen Sie Ihr Kind, indem Sie ihm positive Rückmeldungen geben und vielleicht sogar selbst ein paar Schritte wagen.
- Achten Sie auch hier darauf, dass ausreichend Pausen eingelegt werden, um Erschöpfung vorzubeugen.

Geschichten-Rätsel: Aktives Zuhören und Aufgaben lösen

Geschichten sind weit mehr als nur unterhaltsame Erzählungen; sie sind ein Medium, das die kognitiven Fähigkeiten eines Kindes in vielerlei Hinsicht fördern kann. Besonders die Übung „Geschichten-Rätsel" hebt das Erlebnis des Geschichtenerzählens auf eine neue Ebene. Hier wird das passive Zuhören durch aktive Teilnahme ersetzt. Ihr Kind wird dazu angeregt, sich nicht nur auf die Worte zu konzentrieren, sondern auch die darin enthaltenen Informationen zu verarbeiten und in Echtzeit Lösungen für eingebettete Rätsel oder Fragen zu finden. Diese Methode hat den Vorteil, dass sie mehrere kognitive Fähigkeiten gleichzeitig anspricht. Zum einen wird die Konzentrationsfähigkeit geschult, da Ihr Kind lernen muss, sich auf die Erzählung zu fokussieren, um die darin versteckten Aufgaben lösen zu können. Zum anderen werden die kritischen Denkfähigkeiten gefördert. Ihr Kind wird dazu angeregt, über das Gehörte nachzudenken, Zusammenhänge zu erkennen und Lösungen für Probleme zu finden, die sich aus dem Kontext der Geschichte ergeben. Darüber hinaus bietet diese Übung eine hervorragende Gelegenheit, die Aufmerksamkeitsspanne Ihres Kindes zu erhöhen. In einer Zeit, in der die Konzentration oft durch zahlreiche Ablenkungen wie Smartphones oder Fernseher beeinträchtigt wird, stellt das aktive Zuhören eine willkommene Abwechslung dar. Es erfordert eine kontinuierliche geistige Anstrengung und hält daher die Aufmerksamkeit Ihres Kindes über einen längeren Zeitraum aufrecht. Die „Geschichten-Rätsel"-Methode ist nicht nur lehrreich, sondern auch äußerst vielseitig. Sie kann in verschiedenen Kontexten und für unterschiedliche Altersgruppen angewendet werden, von einfachen Geschichten für jüngere Kinder bis hin zu komplexeren Erzählungen für ältere Kinder.

Das Spiel

Ziel des Spiels:
Ihr Kind wird durch das aktive Zuhören und die Lösung von in der Geschichte eingebetteten Rätseln oder Fragen herausgefordert. Dies fördert nicht nur die Konzentrationsfähigkeit und die Aufmerksamkeitsspanne, sondern auch die kritischen Denkfähigkeiten.

Materialien:

- Ein Buch oder eine selbst geschriebene Geschichte mit eingebetteten Rätseln oder Fragen
- Stift und Papier für Notizen
- Bei Bedarf kleine Belohnungen für richtig gelöste Rätsel

Anleitung:

- Wählen Sie eine Geschichte aus, die Ihrem Kind gefällt und die es noch nicht kennt. Integrieren Sie in diese Geschichte verschiedene Rätsel, Fragen oder Aufgaben, die Ihr Kind während des Zuhörens lösen soll. Hier einige Vorschläge:

o *„Das magische Baumhaus"* von Mary Pope Osborne
Diese Buchreihe nimmt Ihr Kind mit auf Zeitreisen zu verschiedenen Orten und Epochen. Jedes Buch enthält Rätsel und Fragen, die direkt mit der Geschichte verknüpft sind. Ihr Kind kann beispielsweise Fragen zu historischen Ereignissen oder Personen beantworten, die in der Geschichte vorkommen.
o *„Rätselhafter Montag"* von Jürgen Banscherus
In diesem Buch muss der junge Detektiv Kwiatkowski verschiedene Rätsel lösen, um einen Fall zu klären. Die Rätsel sind in die Handlung eingebettet und bieten Ihrem Kind die Gelegenheit, seine detektivischen Fähigkeiten unter Beweis zu stellen.
o „Die Schule der magischen Tiere" von Margit Auer
Diese Buchreihe handelt von einer Schule, in der jedes Kind ein magisches Tier als Begleiter erhält. Die Geschichten sind voller Abenteuer und Herausforderungen, die die Kinder gemeinsam mit ihren magischen Tieren bewältigen müssen. Jedes Buch enthält Fragen und Rätsel, die Ihr Kind dazu anregen, über die Handlung nachzudenken und seine Schlussfolgerungen zu ziehen.

- Setzen Sie sich mit Ihrem Kind in eine ruhige Umgebung und beginnen Sie, die Geschichte vorzulesen. Achten Sie darauf, an den Stellen, an denen die Rätsel oder Fragen eingebettet sind, eine kleine Pause einzulegen.

- Wenn Sie an eine solche Stelle kommen, fordern Sie Ihr Kind auf, das Rätsel zu lösen oder die Frage zu beantworten, bevor Sie weiterlesen. Ihr Kind darf Notizen machen oder einfach nur mündlich antworten.
- Nachdem Ihr Kind eine Antwort gegeben hat, lesen Sie die Lösung vor und besprechen gemeinsam, ob die Antwort korrekt war oder nicht. Bei Bedarf können Sie kleine Belohnungen für richtig gelöste Rätsel vergeben.
- Fahren Sie mit der Geschichte fort, bis alle Rätsel gelöst und Fragen beantwortet sind.

Tipps für Eltern:

- Nutzen Sie die Gelegenheit, um nach dem Spiel mit Ihrem Kind über die Geschichte und die darin enthaltenen Lektionen zu sprechen. Dies vertieft das Verständnis und die Reflexion.
- Variieren Sie den Schwierigkeitsgrad der Rätsel und Fragen je nach Alter und Fähigkeiten Ihres Kindes. Für jüngere Kinder eignen sich einfache Fragen zu Farben, Zahlen oder Objekten, während für ältere Kinder komplexere Fragen zu Themen wie Moral oder Logik interessant sein können.
- Überlegen Sie, die Geschichte durch visuelle oder auditive Elemente wie Bilder oder Musik zu ergänzen. Dies kann die Erfahrung noch ansprechender und lehrreicher machen.
- Durch diese Übung wird Ihr Kind nicht nur unterhalten, sondern erhält auch wertvolle Anregungen, die seine kognitiven Fähigkeiten auf vielfältige Weise fördern.

Herausforderungen und wie Sie ihnen begegnen können:

- Wenn Ihr Kind der Geschichte nicht gut folgen kann, teilen Sie die Erzählung in kleinere Abschnitte und fassen diese kurz zusammen.
- Bei Ungeduld seitens des Kindes könnten kleine, hilfreiche Hinweise die Neugier wieder wecken und zur Lösung des Rätsels beitragen.
- Sollte die Aufmerksamkeit Ihres Kindes schwinden, erhöhen Sie die Spannung oder Interaktivität der Geschichte.
- Ist das Rätsel zu kompliziert, vereinfachen Sie es oder geben zusätzliche Hinweise, die zur Lösung führen.
- Formulieren Sie Fragen und Anweisungen klar und deutlich, um mögliche Missverständnisse zu minimieren.

Arbeitsgedächtnis stärken mit Denkspielen

Das Arbeitsgedächtnis fungiert als eine Art „mentaler Notizblock", der für eine Vielzahl kognitiver Aufgaben unerlässlich ist. Es ermöglicht die temporäre Speicherung und Manipulation von Informationen, die für die Ausführung komplexer Aufgaben wie Lernen, Planen und Verstehen benötigt werden. In der Schule beispielsweise hilft ein leistungsfähiges Arbeitsgedächtnis Ihrem Kind dabei, den Unterrichtsinhalten besser zu folgen, da es in der Lage ist, mehrere Informationen gleichzeitig zu behalten und zu verarbeiten. Dies ist besonders nützlich in Fächern wie Mathematik und Sprachen, wo das Halten von Zahlen oder Wörtern im Gedächtnis während der Lösung von Problemen oder der Konstruktion von Sätzen erforderlich ist.

Aber die Bedeutung des Arbeitsgedächtnisses geht über den schulischen Kontext hinaus. Es spielt eine Schlüsselrolle bei der Bewältigung von alltäglichen Herausforderungen und Aufgaben. Ob Ihr Kind Anweisungen für eine mehrstufige Aufgabe befolgt, eine neue Fähigkeit erlernt oder sich in einer neuen Umgebung zurechtfindet, ein gut entwickeltes Arbeitsgedächtnis erleichtert diese Prozesse erheblich. Es ermöglicht eine effizientere Planung, bessere Organisation und erfolgreichere Problemlösung.

Ein trainiertes Arbeitsgedächtnis ist auch eng mit der Fähigkeit zur Selbstregulation verknüpft. Es hilft Ihrem Kind, Ablenkungen zu minimieren, indem es die Aufmerksamkeit gezielt auf die Aufgabe lenkt, die gerade erledigt werden muss. Dies ist besonders wertvoll in einer Zeit, in der Ablenkungen allgegenwärtig sind und die Fähigkeit zur Konzentration immer mehr an Bedeutung gewinnt.

Denkspiele sind ein ausgezeichnetes Werkzeug, um das Arbeitsgedächtnis gezielt zu fördern und zu schärfen. Diese Spiele sind so konzipiert, dass sie die Gedächtniskapazität herausfordern und erweitern, indem sie das Gehirn dazu anregen, mehrere Informationen gleichzeitig zu speichern und zu verarbeiten. Dies ist besonders nützlich für das Sequenzdenken, also die Fähigkeit, Ereignisse oder Informationen in einer logischen Reihenfolge zu organisieren und zu verstehen. Ob es darum geht, eine Zahlenreihe zu vervollständigen oder ein komplexes Puzzle zu lösen, Denkspiele erfordern ein hohes Maß an organisatorischem Geschick.

Neben der Verbesserung der Gedächtniskapazität und des Sequenzdenkens haben Denkspiele auch den Vorteil, die Konzentration und die Aufmerksamkeit zu stärken. Durch die Notwendigkeit, sich auf komplexe Aufgaben und Herausforderungen zu fokussieren, lernt Ihr Kind, seine Aufmerksamkeit gezielt zu lenken. Dies ist ein unschätzbarer Vorteil, der sich nicht nur auf das Spiel selbst, sondern auch auf andere Lebensbereiche auswirkt. Eine erhöhte Konzentration und Aufmerksamkeit erleichtern das Lernen in der Schule, die

Ausführung von Hausaufgaben und sogar die Interaktion in sozialen Situationen.

Darüber hinaus bieten Denkspiele eine hervorragende Gelegenheit, die Lernfähigkeit insgesamt zu erhöhen. Durch die Kombination von Gedächtnistraining mit Elementen der Problemlösung und kreativem Denken werden mehrere kognitive Fähigkeiten gleichzeitig angesprochen. Dies führt zu einer umfassenderen geistigen Entwicklung, die Ihr Kind in vielen verschiedenen Situationen unterstützt.

Ein weiterer Vorteil von Denkspielen liegt in der Anregung kreativer und flexibler Denkprozesse. Diese Spiele sind oft so gestaltet, dass sie nicht nur das Gedächtnis und die Konzentration fordern, sondern auch die Fähigkeit, außerhalb der üblichen Denkmuster zu agieren. Durch die Konfrontation mit komplexen Aufgabenstellungen, die mehrere Lösungswege zulassen, wird Ihr Kind dazu ermutigt, innovativ und kreativ zu denken.

Ob in der Schule, beim Lösen von Hausaufgaben oder sogar in sozialen Interaktionen – die Fähigkeit, Probleme aus verschiedenen Blickwinkeln zu betrachten, ermöglicht es Ihrem Kind, vielseitige und oft effektivere Lösungen zu finden. Dies ist besonders hilfreich, wenn es darum geht, komplexe Herausforderungen zu meistern, die eine weniger konventionelle Herangehensweise erfordern.

Darüber hinaus fördert die Aktivierung kreativer Denkprozesse auch die Entwicklung von Problemlösungsfähigkeiten. Ihr Kind lernt, wie es seine Gedanken und Ideen organisieren kann, um zu praktikablen Lösungen zu gelangen. Dies stärkt nicht nur das Selbstvertrauen, sondern bereitet es auch darauf vor, in Zukunft mit komplexeren Aufgaben und Herausforderungen umzugehen.

Denkspiele erweitern also nicht nur die kognitiven Fähigkeiten wie Gedächtnis und Konzentration, sondern bereichern auch das Repertoire an Denkstrategien, die Ihr Kind zur Verfügung hat. Sie fördern eine ganzheitliche geistige Entwicklung, die weit über das Spiel hinaus von Nutzen ist.

In diesem Kapitel werden verschiedene Denkspiele vorgestellt, die speziell darauf abzielen, das Arbeitsgedächtnis zu stärken. Von Spielen, die das Merken von Zahlenreihen oder Buchstabenfolgen erfordern, bis hin zu Aktivitäten, die das visuelle und auditive Gedächtnis ansprechen, ist für jeden etwas dabei.

Diese Spiele sind nicht nur lehrreich, sondern auch unterhaltsam und können leicht in den Alltag integriert werden. Sie bieten eine ausgezeichnete Gelegenheit für qualitativ hochwertige Familienzeit und fördern gleichzeitig die kognitive Entwicklung Ihres Kindes.

Zahlenreihe merken: Schrittweise Erweiterung der Gedächtniskapazität

Das Merken von Zahlenreihen ist weit mehr als nur eine Gedächtnisübung; es ist eine ganzheitliche Methode, um das Arbeitsgedächtnis Ihres Kindes zu stärken. In diesem Prozess werden mehrere kognitive Fähigkeiten gleichzeitig angesprochen. Zunächst einmal wird das Kurzzeitgedächtnis trainiert, da Ihr Kind die Zahlen für eine begrenzte Zeit im Kopf behalten muss. Das ist ein grundlegendes Training für die Gedächtniskapazität, das sich positiv auf andere Lernbereiche auswirken wird. Aber es geht noch weiter. Durch das schrittweise Hinzufügen von Zahlen zur Reihe wird Ihr Kind auch im Sequenzdenken geschult. Das bedeutet, es lernt, Informationen in einer logischen Reihenfolge zu verarbeiten und zu speichern. Dies ist eine Schlüsselkompetenz, die nicht nur in Mathematik und Naturwissenschaften, sondern auch in Alltagssituationen, wie dem Befolgen von Anweisungen oder dem Planen von Aktivitäten, von großem Nutzen ist. Die Übung ist also nicht nur ein Training für das Gedächtnis, sondern auch eine Art kognitives Multitasking. Ihr Kind wird lernen, verschiedene Arten von Informationen gleichzeitig zu verarbeiten und zu organisieren, was seine allgemeine Lernfähigkeit und Problemlösungskompetenz erheblich steigern wird. Die Konzentration ist ein weiteres Element, das durch das Merken von Zahlenreihen effektiv gefördert wird. In einer Welt voller Ablenkungen – von Smartphones über Fernseher bis hin zu sozialen Medien – ist die Fähigkeit, sich auf eine einzige Aufgabe zu fokussieren, ein unschätzbares Gut. Durch diese Übung wird Ihr Kind lernen, seine mentale Energie und Aufmerksamkeit gezielt auf die vor ihm liegende Herausforderung zu lenken. Es wird üben, den Fokus zu halten, während es versucht, die Zahlen in der richtigen Reihenfolge zu behalten, und dabei gleichzeitig Ablenkungen auszublenden.

Diese Fähigkeit, den Geist zu zentrieren und Ablenkungen zu minimieren, wird weit über die Übung hinaus nützlich sein. Ob in der Schule, beim Sport oder bei anderen Aktivitäten, die Fähigkeit zur Konzentration ist ein Schlüssel zum Erfolg. Sie hilft Ihrem Kind, sich in Prüfungen besser zu konzentrieren, Anweisungen sorgfältiger zu folgen und selbst in stressigen Situationen einen klaren Kopf zu bewahren. Die Stärkung der Konzentration durch diese Übung ist also nicht nur ein kurzfristiger Gewinn, sondern eine langfristige Investition in die kognitive Entwicklung und das allgemeine Wohlbefinden Ihres Kindes. Es ist eine Fähigkeit, die in nahezu jedem Lebensbereich von Vorteil ist und die Ihr Kind in vielen verschiedenen Situationen unterstützen wird.

Die Übung bietet zudem die Möglichkeit, die Schwierigkeitsstufe nach und nach zu erhöhen. Das sorgt für kontinuierliche Herausforderungen und fördert die Motivation Ihres Kindes. Jeder Erfolg, sei er auch noch so klein, wird zum Ansporn, sich weiteren Herausforderungen zu stellen. Ein gut trainiertes Arbeitsgedächtnis hat also weitreichende Vorteile. Es erleichtert nicht nur das Lernen in der Schule, sondern unterstützt Ihr Kind auch bei alltäglichen

Aufgaben. Ob es darum geht, sich Geburtstage zu merken, den Überblick über mehrere Aufgaben gleichzeitig zu behalten oder komplexe Anweisungen zu befolgen – ein leistungsfähiges Gedächtnis ist in vielen Lebensbereichen von Nutzen.

Das Spiel

Ziel des Spiels:
Das Spiel hat das Ziel, das Arbeitsgedächtnis Ihres Kindes zu trainieren, indem es sich eine Zahlenreihe merkt und diese dann wiedergibt. Dabei wird die Gedächtniskapazität schrittweise erweitert und die Fähigkeit zur Konzentration und zum Sequenzdenken wird gefördert.

Materialien:

- Ein Blatt Papier
- Ein Stift
- Ein Timer oder eine Stoppuhr

Anleitung:

- Schreiben Sie eine Zahlenreihe auf ein Blatt Papier. Beginnen Sie mit einer kurzen Reihe von drei bis vier Zahlen.
- Halten Sie den Timer oder die Stoppuhr bereit.
- Zeigen Sie Ihrem Kind die Zahlenreihe auf dem Papier. Die Dauer, für die die Zahlenreihe sichtbar ist, kann variabel gestaltet werden. Während jüngere Kinder oder Kinder, die sich schwerer konzentrieren können, vielleicht mehr Zeit benötigen, könnten ältere oder konzentrationsstärkere Kinder mit einer kürzeren Zeitspanne auskommen. Passen Sie die Zeit also individuell an, um Frust zu vermeiden und die Herausforderung angemessen zu gestalten. Ein guter Anfangspunkt könnte eine Zeitspanne von fünf bis zehn Sekunden sein, die je nach Bedarf angepasst werden kann.
- Verdecken Sie die Zahlen und bitten Sie Ihr Kind, die Zahlenreihe aus dem Gedächtnis wiederzugeben.
- Überprüfen Sie, ob die wiedergegebene Zahlenreihe korrekt ist.
- Wenn die Zahlenreihe korrekt wiedergegeben wurde, fügen Sie eine weitere Zahl hinzu und wiederholen die Schritte 1 bis 3.
- Falls die Zahlenreihe nicht korrekt wiedergegeben wurde, bleiben Sie bei der gleichen Länge und versuchen es erneut.
- Nutzen Sie den Timer, um die Zeit zu messen, die Ihr Kind benötigt, um die Zahlenreihe korrekt wiederzugeben. So können Sie den Fortschritt dokumentieren.

Schwierigkeitsgrad anpassen:

- Für jüngere Kinder können Sie mit einer kürzeren Zahlenreihe beginnen.
- Für ältere oder geübtere Kinder können Sie die Länge der Zahlenreihe erhöhen oder die Zeit, die sie haben, um sich die Zahlen zu merken, verkürzen.

Was wird gefördert?

- Gedächtniskapazität
- Kurzzeitgedächtnis
- Merkfähigkeit
- Sequenzdenken
- Konzentration

Tipps für Eltern:

- Feiern Sie die Erfolge Ihres Kindes, egal, wie klein sie auch sein mögen. Ein High-Five oder ein „Gut gemacht!“ können Wunder wirken.
- Halten Sie die Übungssessions kurz, aber regelmäßig. Ein paar Minuten pro Tag können bereits einen großen Unterschied machen.
- Sollten Sie das Spiel mit nur einem Kind durchführen, können Sie als Elternteil auch die Rolle des „Gedächtnistrainers“ übernehmen und die Zahlenreihen vorlesen oder aufschreiben.
- Variieren Sie die Zahlenreihen, um das Spiel interessant zu halten. Sie können auch andere Zahlenfolgen verwenden, wie z. B. die Zahlen eines Geburtstags oder einer Telefonnummer.

Herausforderungen und wie Sie ihnen begegnen können:

- Falls Ihr Kind Schwierigkeiten hat, sich an die Zahlen zu erinnern, versuchen Sie, die Reihenfolge in kleinere Segmente zu unterteilen.
- Bei nachlassender Begeisterung kann ein spielerischer Wettbewerb oder eine kleine Belohnung für jede richtig wiedergegebene Zahlenreihe hilfreich sein.
- Sollten äußere Faktoren die Konzentration stören, schaffen Sie eine ruhigere Umgebung oder setzen Sie Kopfhörer ein.
- Wenn die Zahlenreihen zu komplex sind, starten Sie mit einfacheren Sequenzen und steigern Sie den Schwierigkeitsgrad schrittweise.
- Falls Ihr Kind die Reihenfolge durcheinanderbringt, könnte eine visuelle Darstellung der Zahlen als Hilfsmittel dienen.

Buchstaben-Puzzle: Reihenfolge von Buchstaben und Wörtern merken

Buchstaben sind die Grundelemente der Sprache und somit Schlüssel zu einer Welt voller Bedeutungen, Geschichten und Möglichkeiten. Wenn Sie mit Ihrem Kind das Buchstaben-Puzzle spielen, öffnen Sie gemeinsam eine Tür zu einem Abenteuer, das die kognitiven Fähigkeiten auf vielfältige Weise fördert. Hierbei geht es nicht nur darum, den Wortschatz zu erweitern. Das Spiel bietet auch eine Gelegenheit, das räumliche und visuelle Denken zu schulen. Ihr Kind lernt, wie es Buchstaben in einer bestimmten Reihenfolge anordnen kann, um Wörter und sogar ganze Muster zu bilden. Dies ist eine ausgezeichnete Übung, um die Fähigkeit zur Organisation von Informationen zu stärken.

Das Buchstaben-Puzzle ist eine Einladung an Ihr Kind, die unendlichen Möglichkeiten der Sprache und des kognitiven Denkens zu erkunden. Stellen Sie sich das wie eine Schatzsuche vor, bei der jeder Buchstabe ein Schlüssel zu einer verborgenen Welt ist. Ihr Kind bekommt die Gelegenheit, seine geistigen Muskeln zu trainieren, während es gleichzeitig die Freude an der Sprache entdeckt und vertieft. Doch der Zauber dieses Spiels entfaltet sich nicht nur durch das bloße Identifizieren von Buchstaben oder das Formen einfacher Wörter. Die wahre Magie beginnt, wenn Ihr Kind die subtilen Verbindungen zwischen den Buchstaben erkennt und sie zu sinnvollen Wörtern und sogar kreativen Mustern kombiniert. Es ist, als würde Ihr Kind die Bausteine der Sprache neu anordnen und dabei seine eigene kleine Welt erschaffen.

Dieses Spiel fördert nicht nur das Verständnis für die Struktur der Sprache, sondern auch für die Syntax, also die Regeln, nach denen Wörter zu Sätzen und Ausdrücken kombiniert werden. Durch das Verständnis der Syntax erhält Ihr Kind ein tieferes Bewusstsein dafür, wie Sprache funktioniert und wie Bedeutung erzeugt wird. Dieses Wissen ist nicht nur für den schulischen Kontext, sondern auch für die alltägliche Kommunikation äußerst nützlich.

Zusätzlich erweitert das Spiel die Fähigkeit Ihres Kindes, Informationen in einer bestimmten Reihenfolge zu organisieren. Es ist ein echtes Gehirntraining, das sowohl die Konzentration als auch die Problemlösungsfähigkeiten schärft. Ihr Kind wird lernen, seine Gedanken zu strukturieren und komplexe Ideen in verständliche Worte oder kreative Muster zu übersetzen.

Darüber hinaus ist das Buchstaben-Puzzle eine hervorragende Übung für die Feinmotorik und die Hand-Auge-Koordination. Ihr Kind wird nicht nur geistig, sondern auch physisch geschickter im Umgang mit Buchstaben und Wörtern. Diese Fertigkeiten sind nicht nur für das Verständnis der Sprache selbst von Bedeutung. Sie fördern auch die Konzentration und die Problemlösungsfähigkeit. Ihr Kind lernt, seine Aufmerksamkeit gezielt zu fokussieren und kreative Lösungen für die Herausforderungen des Spiels zu finden. So wird nicht nur das Gedächtnis trainiert, sondern auch die Fähigkeit, komplexe Aufgaben zu bewältigen, gestärkt. Und das Beste daran: All dies geschieht, während Ihr Kind eine Menge Spaß hat!

Das Spiel

Ziel des Spiels:
Das Hauptziel dieses Spiels ist es, die kognitiven Fähigkeiten Ihres Kindes zu fördern, insbesondere das räumliche und visuelle Denken. Ihr Kind wird lernen, Buchstaben in einer bestimmten Reihenfolge zu organisieren, um Wörter und Muster zu bilden. Dies stärkt nicht nur das Verständnis für Sprache, sondern auch die Konzentration und die Problemlösungsfähigkeiten.

Materialien:

- Ein Satz magnetischer Buchstaben oder Buchstabenkarten
- Ein Metalltablett oder eine andere Oberfläche, auf der die Buchstaben angeordnet werden können
- Ein Timer
- Ein Notizbuch und ein Stift für die Punktevergabe

Anleitung:

- Das Spiel ist so gestaltet, dass es sich für Einzelspieler eignet, aber auch in einer Gruppe gespielt werden kann. Wenn nur ein Kind teilnimmt, können Sie als Elternteil die Rolle des Gegenspielers übernehmen.
- Legen Sie alle Buchstaben mit der Schriftseite nach unten auf das Tablett. Stellen Sie den Timer auf eine bestimmte Zeit ein, zum Beispiel 2 Minuten.
- Ihr Kind dreht einen Buchstaben um und legt ihn auf das Tablett. Dann sind Sie an der Reihe. Sie drehen einen weiteren Buchstaben um und legen ihn neben den ersten.
- Ziel ist es, innerhalb der festgelegten Zeit so viele Wörter wie möglich zu bilden. Jedes Mal, wenn ein Wort gebildet wird, notieren Sie es im Notizbuch und vergeben Punkte, basierend auf der Länge des Wortes.
- Neben Wörtern können auch Muster mit den Buchstaben gebildet werden. Zum Beispiel könnte ein Muster aus Vokalen und Konsonanten entstehen. Für jedes erkannte Muster gibt es Extrapunkte.
- Ihr Kind hat die Möglichkeit, den Timer zu stoppen, wenn es glaubt, dass keine weiteren Wörter oder Muster mehr möglich sind. Dann wird die Runde beendet und die Punkte werden gezählt.
- In den nächsten Runden können Sie die Zeit verkürzen oder zusätzliche Herausforderungen einführen, wie das Bilden von Wörtern mit einer Mindestanzahl von Buchstaben.
- Am Ende des Spiels werden alle Punkte zusammengezählt. Derjenige mit den meisten Punkten ist der Sieger und erhält eine kleine Belohnung.

Was wird gefördert?

- Visuelles und räumliches Denken
- Organisationsfähigkeit
- Konzentration

Tipps für Eltern:

- Ermutigen Sie Ihr Kind, kreativ zu sein und auch ungewöhnliche Wörter oder Muster zu versuchen.
- Loben Sie Ihr Kind für seine Leistungen, um die Motivation hochzuhalten.
- Variieren Sie das Spiel, indem Sie verschiedene Kategorien von Wörtern einführen, wie zum Beispiel Tiere, Länder oder Berufe.

Herausforderungen und wie Sie ihnen begegnen können:

- Sollte Ihr Kind die Buchstabenfolgen als zu einfach oder zu schwierig empfinden, passen Sie den Schwierigkeitsgrad an, indem Sie mehr oder weniger Buchstaben verwenden.
- Wenn die Geduld Ihres Kindes auf die Probe gestellt wird, könnten kurze Pausen und Atemübungen helfen, die Konzentration wiederherzustellen.
- Falls Ihr Kind Schwierigkeiten hat, die Spielregeln zu verstehen, erklären Sie diese noch einmal in einfachen Worten oder zeigen Sie ein Beispiel.
- Wenn Ihr Kind sich durch die Zeitvorgabe gestresst fühlt, entfernen Sie diese Komponente zunächst aus dem Spiel, bis es sich sicherer fühlt.
- Falls das Interesse nachlässt, könnten Sie das Spiel mit einer Geschichte oder einem Thema verknüpfen, das Ihr Kind fasziniert.

Farbenfolge wiederholen: Visuelles Arbeitsgedächtnis trainieren

Farben sind nicht nur ein visueller Genuss, sondern auch ein effektives Mittel, um das Gehirn in Schwung zu bringen. Das Spiel „Farbenfolge wiederholen" ist wie ein interaktives Kaleidoskop für das Gehirn Ihres Kindes. In dieser Übung geht es darum, sich eine bestimmte Reihenfolge von Farben einzuprägen und diese dann korrekt zu reproduzieren. Auf den ersten Blick mag das einfach erscheinen, aber die Herausforderung wächst mit jeder Runde!

Diese Übung ist ein echtes Multitalent, wenn es darum geht, das visuelle Arbeitsgedächtnis Ihres Kindes zu fördern. Ihr Kind wird hierbei nicht nur lernen, seine Aufmerksamkeit wie ein Scheinwerfer auf die verschiedenen Farben zu richten, sondern auch, diese Farbsequenzen im Gedächtnis abzuspeichern. Das ist vergleichbar mit dem Erlernen einer neuen Sprache, nur dass hier die Farben die Worte sind. Diese Fähigkeit zur gezielten Aufmerksamkeitslenkung und Speicherung ist wie ein Muskeltraining für das Gehirn, das die visuelle Wahrnehmung und die Informationsverarbeitung stärkt.

Diese Schlüsselkompetenzen sind nicht nur in der Schule von unschätzbarem Wert, sondern begleiten Ihr Kind auch im täglichen Leben. Denken Sie an all die Momente, in denen Ihr Kind komplexe Muster oder Sequenzen erkennen muss, sei es beim Lösen eines Puzzles, beim Verstehen einer Grafik oder beim Befolgen einer Reihe von Anweisungen. Ein gut trainiertes visuelles Arbeitsgedächtnis ist wie ein Navigationsgerät, das Ihr Kind durch diese Herausforderungen leitet.

Aber es geht noch weiter. Ein leistungsfähiges visuelles Arbeitsgedächtnis hilft auch dabei, Informationen schneller und effizienter zu verarbeiten. Ihr Kind wird in der Lage sein, mehrere Dinge gleichzeitig im Blick zu behalten, ohne den Faden zu verlieren. Das ist wie ein Upgrade für das Multitasking des Gehirns, das in unserer heutigen, schnelllebigen Welt immer wichtiger wird.

Darüber hinaus bietet das Spiel die Chance, die Schwierigkeitsstufe individuell anzupassen. Sie können die Anzahl der Farben in der Reihenfolge erhöhen oder die Zeit, die Ihr Kind zum Merken der Farben hat, verkürzen. Dies sorgt für eine stetige Steigerung der Herausforderung und hält die Motivation hoch. Jeder kleine Erfolg wird zum Ansporn für Ihr Kind, sich neuen, komplexeren Aufgaben zu stellen.

Das Spiel

Ziel des Spiels:
Das Hauptziel dieses Spiels ist die Schulung des visuellen Arbeitsgedächtnisses und der Aufmerksamkeit Ihres Kindes. Ihr Kind wird lernen, sich Farbreihenfolgen zu merken und diese korrekt wiederzugeben. Dies fördert nicht nur die visuelle Verarbeitung, sondern auch die allgemeine Gedächtnisleistung.

Materialien:

- Ein Set von farbigen Karten oder Bausteinen (mindestens vier verschiedene Farben)
- Ein Timer
- Ein Notizbuch und ein Stift zur Punktevergabe

Anleitung:

- Dieses Spiel ist so konzipiert, dass es sowohl alleine als auch in einer Gruppe Spaß macht. Wenn Ihr Kind als einziges teilnimmt, können Sie als Elternteil die Rolle des Gegners übernehmen und versuchen, die Farbreihenfolge schneller oder genauer wiederherzustellen.
- Legen Sie eine Reihe von farbigen Karten in einer bestimmten Reihenfolge vor Ihr Kind.
- Geben Sie Ihrem Kind ein paar Sekunden Zeit, sich die Farbreihenfolge einzuprägen.
- Mischen Sie die Karten und bitten Sie Ihr Kind, die ursprüngliche Reihenfolge wiederherzustellen.
- Für jede korrekt wiedergegebene Reihenfolge gibt es Punkte, die Sie im Notizbuch notieren.
- Steigern Sie den Schwierigkeitsgrad, indem Sie mehr Karten zur Reihe hinzufügen oder die Zeit zum Einprägen verkürzen.
- Nach mehreren Runden zählen Sie die Punkte zusammen. Derjenige mit den meisten Punkten erhält eine kleine Belohnung.

Das wird gefördert:

- Visuelles Arbeitsgedächtnis
- Aufmerksamkeit
- Visuelle Verarbeitung
- Gedächtnisleistung

Tipps für Eltern:

- Geben Sie Ihrem Kind positive Rückmeldungen, um die Motivation aufrechtzuerhalten.
- Variieren Sie die Farben und die Länge der Reihenfolge, um das Spiel interessanter zu gestalten.
- Führen Sie eine „Highscore-Liste" ein, um den Fortschritt sichtbar zu machen und den Ehrgeiz zu wecken.

Herausforderungen und wie Sie ihnen begegnen können:

- Wenn Ihr Kind Schwierigkeiten hat, sich die Farbsequenzen zu merken, beginnen Sie mit kürzeren Sequenzen und steigern Sie die Länge schrittweise.
- Sollte Ihr Kind leicht ablenkbar sein, schaffen Sie eine ruhige Umgebung, um die Konzentration zu fördern.
- Bei Anzeichen von Frustration kann eine kurze Pause und ein Wechsel der Aktivität oft Wunder wirken.
- Falls die Spielanleitung nicht sofort klar ist, demonstrieren Sie eine Runde als Beispiel.
- Um das Interesse hochzuhalten, könnten Sie kleine Belohnungen oder Lob einbauen, wenn Ihr Kind eine besonders schwierige Sequenz meistert.

Wörter-Raten: Assoziatives Denken und Wortabruf üben

Wörter sind nicht nur die Bausteine der Sprache, sondern auch Fenster zu neuen Welten und Möglichkeiten. Das Spiel „Wörter-Raten" ist wie eine Schatzsuche im Dschungel der deutschen Sprache, bei der Ihr Kind nicht nur sein Vokabular erweitert, sondern auch seine kognitiven Fähigkeiten trainiert. Es ist ein Abenteuer, das die Neugier weckt und die Fantasie anregt.

In diesem Spiel verwandelt sich Ihr Kind in einen echten Sprachdetektiv, der sich auf eine spannende Schatzsuche nach verborgenen Wörtern begibt. Stellen Sie sich vor, Ihr Kind wäre ein kleiner Sherlock Holmes der Sprache, der mit einer Lupe in der Hand und einem Notizbuch in der anderen durch die Welt der Wörter navigiert. Dabei sind nicht nur ein scharfer Verstand, sondern auch Kreativität und schnelles Denken unerlässlich. Das Spiel zielt darauf ab, das flexible Denken Ihres Kindes zu schärfen. Flexible Denkfähigkeiten sind wie die Muskeln eines Athleten; sie müssen trainiert werden. Durch das Erraten von Wörtern, die durch Hinweise und Assoziationen präsentiert werden, bekommt Ihr Kind die Gelegenheit, diese mentalen Muskeln zu flexen. Es lernt, unterschiedliche Informationen und Hinweise miteinander zu verknüpfen, sie zu analysieren und daraus logische Schlüsse zu ziehen.

Diese Fähigkeit, Informationen zu verknüpfen und daraus Schlüsse zu ziehen, ist weit mehr als nur ein nettes Spiel. Sie ist eine Kernkompetenz, die Ihr Kind in vielen verschiedenen Lebensbereichen begleiten wird. Ob es darum geht, komplexe Textaufgaben in der Mathematik zu lösen, die Motive einer Figur in einem Buch zu verstehen oder einfach nur die Bedeutung hinter den Worten eines Freundes zu erkennen – diese Fähigkeit ist ein wertvolles Werkzeug. Sie hilft Ihrem Kind nicht nur in der schulischen Laufbahn, sondern auch in sozialen Interaktionen und bei der Bewältigung alltäglicher Herausforderungen. So wird Ihr Kind durch das Spiel nicht nur zum Sprachdetektiv, sondern auch zum Meister des flexiblen Denkens, der bereit ist, die vielfältigen Rätsel des Lebens zu lösen.

Das Spiel aktiviert auch kreative Denkprozesse. Stellen Sie sich das vor wie einen Zaubertrank, der die Fantasie anregt. Ihr Kind wird dazu angeregt, die Grenzen des Gewohnten zu überschreiten und in die unerforschten Gebiete der Sprache und des Denkens vorzudringen. Es geht darum, neue, unerwartete Verbindungen zwischen Wörtern, Ideen und Konzepten zu knüpfen. Diese Übung ist wie ein Schlüssel, der das kreative Potenzial Ihres Kindes freisetzt. Es wird ermutigt, nicht nur vorgefertigte Antworten zu finden, sondern innovative Lösungen für komplexe Herausforderungen zu entwickeln. Das fördert die Fähigkeit, originelle und unkonventionelle Wege im Leben zu beschreiten.

Aber das ist noch nicht alles. Ein weiterer unschätzbarer Vorteil dieses Spiels ist die Schulung des Wortabrufs aus dem Gedächtnis. Ihr Kind wird in einer Art Schnellkurs lernen, wie es Wörter und Phrasen, die es bereits kennt, effizient abrufen kann. Das ist so, als würde Ihr Kind eine innere Bibliothek anlegen, in der es jederzeit das passende Wort oder den passenden Satz finden kann. Diese Fähigkeit ist nicht nur beim Sprechen von Vorteil, sondern auch beim Schreiben, sei es bei Hausaufgaben, Aufsätzen oder sogar beim Verfassen von kleinen Geschichten.

Tipp:
„Wörter-Raten" lässt sich auch leicht an das Alter und die Fähigkeiten Ihres Kindes anpassen. Sie können die Hinweise und Assoziationen so gestalten, dass sie immer eine kleine Herausforderung darstellen, aber nie zu schwierig sind. So bleibt das Spiel immer spannend und fördert die Motivation und das Selbstvertrauen Ihres Kindes.

Das Spiel

Ziel des Spiels:
Das Hauptziel dieses Spiels ist es, die kognitiven Fähigkeiten Ihres Kindes zu fördern, insbesondere das assoziative und flexible Denken. Ihr Kind wird lernen, Wörter anhand von Hinweisen und Assoziationen zu erraten, was nicht nur das Verständnis für Sprache stärkt, sondern auch die Konzentration und die Problemlösungsfähigkeiten.

Materialien:

- Ein Stapel Karten mit verschiedenen Wörtern
- Ein Timer
- Ein Notizbuch und ein Stift für die Punktevergabe
- Optional: kleine Belohnungen wie Sticker

Anleitung:

- Legen Sie den Stapel Karten mit den Wörtern verdeckt auf den Tisch.
- Stellen Sie den Timer auf eine bestimmte Zeit ein, zum Beispiel 3 Minuten.
- Ihr Kind zieht eine Karte und liest das Wort darauf (ohne es Ihnen zu zeigen). Dann gibt es Ihnen Hinweise, damit Sie das Wort erraten können.
- Für jedes richtig erratene Wort gibt es Punkte. Die Punktzahl kann je nach Schwierigkeitsgrad des Wortes variieren.
- Nach Ablauf der Zeit oder wenn alle Karten durchgespielt sind, werden die Punkte gezählt.
- Optional: Der Gewinner erhält eine kleine Belohnung.

Was wird gefördert?

- Assoziatives Denken
- Flexibles Denken
- Wortabruf aus dem Gedächtnis
- Kreative Denkprozesse

Tipps für Eltern:

- Ermutigen Sie Ihr Kind, kreativ mit den Hinweisen umzugehen. Das fördert das assoziative Denken.
- Loben Sie Ihr Kind für seine Leistungen, um die Motivation aufrechtzuerhalten.
- Variieren Sie das Spiel, indem Sie verschiedene Kategorien von Wörtern einführen, wie zum Beispiel Tiere, Länder oder Berufe.
- Falls Sie das Spiel nur mit einem Kind spielen, können Sie die Rollen tauschen, sodass Ihr Kind nun die Hinweise gibt und Sie raten müssen. Dies kann die Dynamik interessant gestalten und bietet Ihrem Kind die Möglichkeit, Ihre Denkweise besser zu verstehen.
- Wenn Ihr Kind älter ist, können Sie die Regeln anpassen, um das Spiel herausfordernder zu gestalten. Zum Beispiel könnte jeder Spieler nur „Ja" oder „Nein" als Antwort geben, was das assoziative Denken weiter fördert.

Herausforderungen und wie Sie ihnen begegnen können:

- Falls Ihr Kind Mühe hat, Wörter zu finden oder zu erraten, können Sie eine Liste von Wörtern vorbereiten, die als Inspiration dienen.
- Wenn die Wartezeit zwischen den Runden zu lange erscheint, versuchen Sie, eine Sanduhr oder einen Timer zu verwenden, um das Spieltempo zu erhöhen.
- Sollten Verständigungsprobleme auftreten, könnten Sie Gesten oder Zeichnungen als zusätzliche Hinweise zulassen.
- Bei Unsicherheiten bezüglich der Spielregeln kann eine kurze Demonstration für Klarheit sorgen.
- Um das Engagement aufrechtzuerhalten, könnten Sie das Spiel mit anderen Aktivitäten abwechseln oder kleine Belohnungen für erratene Wörter einführen.

Rhythmus-Clapping: Kombination von Gedächtnis und Motorik

Rhythmus-Clapping ist eine effektive Methode, um das auditive Gedächtnis und die motorische Koordination Ihres Kindes zu fördern. Stellen Sie sich das Klatschen als eine Art musikalisches Puzzle vor, bei dem Gehör und Bewegung Hand in Hand gehen. Ihr Kind wird lernen, komplexe Klatschmuster zu erkennen, zu speichern und wiederzugeben. Dabei wird nicht nur das Gedächtnis trainiert, sondern auch die Fähigkeit, sich auf akustische Details zu konzentrieren.

Das auditive Gedächtnis ist eine der Grundlagen für die Entwicklung von Sprach- und Musikfähigkeiten. Es ermöglicht Ihrem Kind, Töne, Worte und Melodien zu speichern und später abzurufen. Beim Rhythmus-Clapping wird dieses Gedächtnis nicht nur aktiviert, sondern auch intensiv trainiert. Ihr Kind wird lernen, sich komplexe Klatschmuster einzuprägen und sie präzise wiederzugeben. Das schärft die Fähigkeit, akustische Informationen zu verarbeiten und zu speichern, was wiederum die Sprachentwicklung und das Musikverständnis fördert.

Aber das ist nur die halbe Miete. Neben dem auditiven Gedächtnis spielt auch die motorische Koordination eine wesentliche Funktion beim Rhythmus-Clapping. Ihr Kind wird nicht nur zuhören, sondern auch klatschen, und das erfordert eine präzise Abstimmung zwischen dem, was es hört, und dem, wie es reagiert. Das Timing muss stimmen, die Hände müssen im richtigen Moment zusammenschlagen. Diese koordinierten Bewegungen fördern die Hand-Auge-Koordination und schulen die Feinmotorik, Fähigkeiten, die in vielen anderen Lebensbereichen, von der Handschrift bis zum Sport, von Nutzen sind. Das Zusammenspiel von auditivem Gedächtnis und motorischer Koordination macht Rhythmus-Clapping zu einer ganzheitlichen Übung, die mehrere kognitive und motorische Fähigkeiten gleichzeitig anspricht. Es ist wie ein Mini-Workout für das Gehirn und den Körper, das nicht nur Spaß macht, sondern auch die Entwicklung Ihres Kindes in vielfältiger Weise unterstützt. Ein weiterer Vorteil dieses Spiels liegt in seiner Anpassbarkeit. Sie haben die Freiheit, die Schwierigkeitsstufe schrittweise zu erhöhen, indem Sie komplexere Klatschmuster oder schnellere Rhythmen einführen. Diese Flexibilität sorgt dafür, dass Ihr Kind immer wieder aufs Neue gefordert wird. Das hält nicht nur die Aufmerksamkeit hoch, sondern fördert auch die Motivation. Jeder kleine Erfolg, jede gemeisterte Herausforderung wird zu einem Baustein für das Selbstvertrauen Ihres Kindes. Das Erfolgserlebnis, ein schwieriges Muster gemeistert zu haben, wird Ihr Kind ermutigen, sich weiteren, noch anspruchsvolleren Aufgaben zu stellen.

Aber es gibt noch mehr. Das Klatschen in verschiedenen Rhythmen öffnet die Tür zu einer ganz neuen Welt: der Welt der Musik. Ihr Kind entwickelt ein intuitives Verständnis für Takt und Rhythmus. Diese grundlegenden musikalischen Konzepte werden auf spielerische Weise vermittelt, was die musikalische Bildung Ihres Kindes enorm unterstützt. Es ist eine Einführung in die Grundlagen der Musiktheorie, die Ihr Kind auf zukünftige musikalische Unternehmungen vorbereitet. Und wer weiß, vielleicht wird durch diese spielerische Herangehensweise eine bisher unentdeckte Leidenschaft für Musik oder sogar Tanz geweckt!

Das Spiel

Ziel des Spiels:
Das Hauptziel dieses Spiels ist die Förderung des auditiven Gedächtnisses und der motorischen Koordination Ihres Kindes. Durch das Merken und Wiedergeben von rhythmischen Klatschmustern wird nicht nur das Gehör geschult, sondern auch die Feinmotorik und die Hand-Auge-Koordination.

Materialien:

- Ein Metronom oder eine App, die einen gleichmäßigen Takt vorgibt
- Ein Notizbuch und ein Stift zur Dokumentation der Klatschmuster
- Optional: Ein Musikinstrument wie eine Trommel oder ein Tamburin

Anleitung:

- Setzen Sie sich Ihrem Kind gegenüber und starten Sie das Metronom oder die App, um einen gleichmäßigen Takt vorzugeben.
- Beginnen Sie mit einem einfachen Klatschmuster, das Ihr Kind nachklatschen soll, zum Beispiel: Klatsch, Pause, Klatsch.
- Ihr Kind hört Ihnen aufmerksam zu und versucht, das Klatschmuster nachzuklatschen.
- Sobald Ihr Kind das Muster erfolgreich nachgeklatscht hat, wird es im Notizbuch festgehalten.
- Steigern Sie die Komplexität der Klatschmuster schrittweise. Sie können auch das Tempo erhöhen oder zusätzliche Instrumente einbauen.
- Ihr Kind versucht, auch die komplexeren Muster nachzuklatschen. Jedes erfolgreich nachgeklatschte Muster wird im Notizbuch dokumentiert.
- Das Spiel kann so lange fortgesetzt werden, wie es Spaß macht und herausfordernd bleibt.

Was wird gefördert?

- Auditives Gedächtnis
- Motorische Koordination
- Hand-Auge-Koordination
- Musikalisches Verständnis

Tipps für Eltern:

- Dieses Spiel bietet eine wunderbare Möglichkeit, die musikalische Intelligenz Ihres Kindes zu fördern. Wenn Sie mehrere Kinder haben, können sie sich abwechseln oder sogar versuchen, im Duett zu klatschen. Dies fördert die Teamarbeit und macht das Spiel noch interessanter.
- Loben Sie Ihr Kind für jedes erfolgreich nachgeklatschte Muster, um die Motivation aufrechtzuerhalten.
- Variieren Sie das Spiel, indem Sie verschiedene Musikstile oder Rhythmen einführen.
- Nutzen Sie die Gelegenheit, um gemeinsam mit Ihrem Kind in die Welt der Musik einzutauchen. Vielleicht möchten Sie sogar gemeinsam ein Musikinstrument lernen!

Herausforderungen und wie Sie ihnen begegnen können:

- Falls das Klatschen nicht ganz synchron ist, könnte ein Metronom helfen, den Rhythmus zu halten.
- Wenn die Rhythmen zu kompliziert erscheinen, beginnen Sie mit einfacheren Mustern und steigern die Komplexität schrittweise.
- Sollte Ihr Kind leicht abgelenkt sein, schaffen Sie eine ruhige Umgebung, um die Konzentration zu fördern.
- Bei fehlender Motivation könnten kleine Belohnungen oder ein Applaus nach jeder erfolgreichen Runde hilfreich sein.
- Falls das Ziel des Spiels nicht ganz klar ist, erläutern Sie, dass es um das Erkennen und Nachahmen von Rhythmen geht.

Impulskontrolle durch Spiele und Übungen

Impulskontrolle geht über einen schlichten Fachbegriff hinaus und verwandelt sich in eine Art mentalen Fitnesskurs für das Gehirn Ihres Kindes.

Definition: Impulskontrolle
Impulskontrolle bezeichnet die Fähigkeit, spontane Reaktionen und Verhaltensweisen bewusst zu steuern oder zu unterdrücken. Sie ermöglicht es, kurzfristigen Versuchungen oder Impulsen zu widerstehen, um langfristige Ziele zu erreichen oder soziale Normen zu erfüllen. In der kindlichen Entwicklung spielt die Impulskontrolle eine Schlüsselposition, da sie eng mit der Fähigkeit zur emotionalen Selbstregulation, zur Konfliktlösung und zur sozialen Interaktion verknüpft ist. Sie ist ein zentraler Baustein für die Entwicklung von Selbstbewusstsein und emotionaler Intelligenz.

In der Neurologie steht dieses Thema im Rampenlicht, insbesondere weil es den präfrontalen Kortex aktiviert. Dieser Teil des Gehirns agiert als eine Art Kommandozentrale für Entscheidungsfindung, Problemlösung und natürlich Impulskontrolle.

Wenn Ihr Kind seine Impulse kontrolliert, gleicht das einem intensiven Workout für seinen präfrontalen Kortex. Jede bewusste Entscheidung, jede erfolgreiche Impulskontrolle ist wie ein Satz Kniebeugen für das Gehirn. Und je mehr Ihr Kind übt, desto fitter wird dieser entscheidende Bereich des Gehirns. Das Training zahlt sich nicht nur kurzfristig aus; es legt auch das Fundament für lebenslange Fähigkeiten in der Selbstregulierung.

Diese Fähigkeiten sind nicht nur während der Schulzeit nützlich. Ein gut trainierter präfrontaler Kortex ermöglicht es Ihrem Kind, schwierige Entscheidungen besser zu bewältigen. Es kann Situationen klarer einschätzen, Optionen sorgfältig abwägen und kluge Entscheidungen treffen. Das ist wie ein lebenslanges VIP-Ticket für bessere Entscheidungen, das Ihr Kind in allen Lebenslagen begleitet. Ob in der Schule, im Beruf oder in persönlichen Beziehungen, die Fähigkeit zur Impulskontrolle ist ein unschätzbarer Vorteil.

Hand aufs Herz: Wer kennt es nicht, wenn der Nachwuchs an der Supermarktkasse beim Anblick der Süßigkeiten kurz davor ist, in Tränen auszubrechen oder einen kleinen Wutanfall zu bekommen? Oder wenn die Hausaufgaben zu einer scheinbar unüberwindbaren Herausforderung werden, weil das neueste Smartphone-Spiel oder die aktuelle Lieblingsserie einfach zu verlockend ist? In solchen Momenten wird die Alltagsrelevanz der Impulskontrolle besonders deutlich.

Stellen Sie sich die Impulskontrolle als eine Art unsichtbaren Superhelden vor, der stets an der Seite Ihres Kindes steht. Dieser Superheld flüstert ihm zu: „Warte einen Moment, überlege kurz. Ist das wirklich das, was du willst oder brauchst?" Er hilft Ihrem Kind, dem Drang zu widerstehen, die Süßigkeiten sofort zu schnappen oder das Handy aufzunehmen, und stattdessen die langfristigen Konsequenzen seiner Handlungen zu bedenken.

Dieser unsichtbare Superheld ist nicht nur an der Supermarktkasse oder beim Hausaufgabenmachen aktiv. Er ist immer da: in der Schule, wenn Ihr Kind sich konzentrieren muss; im Freundeskreis, wenn Gruppenzwang eine Rolle spielt; und sogar in stressigen Familienmomenten, wie etwa bei Streitigkeiten mit Geschwistern. Durch die Fähigkeit zur Impulskontrolle lernt Ihr Kind, in all diesen Situationen einen kühlen Kopf zu bewahren, sich selbst zu regulieren und bessere Entscheidungen zu treffen.

Die Alltagsrelevanz der Impulskontrolle ist also enorm. Sie ist wie ein ständiger Begleiter, der Ihrem Kind hilft, die täglichen Herausforderungen besser zu meistern und somit ein harmonischeres, ausgeglicheneres Leben zu führen. Und das Beste daran? Diese Fähigkeit wird mit der Zeit immer stärker, je mehr sie trainiert wird. Es ist also nie zu früh, damit zu beginnen!

In diesem Kapitel steht ein echtes Füllhorn an Spielen und Übungen zur Verfügung. Ob „Stopp-Spiel", das die Reaktionsgeschwindigkeit auf ein neues Level hebt, oder Geschichten-Vervollständigung, die die Geduld und das strategische Denken fördert – hier ist für jeden kleinen Superhelden etwas dabei.

Stopp-Spiel: Kontrolle von Bewegungen auf Kommando

Das Stopp-Spiel ist eine fundierte Methode, die Selbstkontrolle und das schnelle Denken Ihres Kindes zu schärfen. Die Fähigkeit, bewusst innehalten zu können, gewinnt in unserer heutigen Zeit mit einer Flut an Informationen und Reizen enorm an Bedeutung. Es ist, als würde man Ihrem Kind eine mentale Bremse installieren, die es ihm ermöglicht, in einer hektischen Welt einen klaren Kopf zu bewahren.

Dieses Spiel ist wie ein Mini-Training für den präfrontalen Kortex (den Bereich des Gehirns, der für Entscheidungsfindung und Impulskontrolle zuständig ist). Jedes Mal, wenn Ihr Kind auf das „Stopp"-Signal hört und seine Bewegung kontrolliert, wird dieser Teil des Gehirns aktiviert und gestärkt. Es ist vergleichbar mit dem Muskelaufbau: Je mehr Ihr Kind diese spezielle „Gehirnmuskulatur" trainiert, desto stärker wird sie.

Aber es geht nicht nur um die Neurologie. Die praktische Anwendung dieser Fähigkeit im Alltag ist unermesslich. Ob es darum geht, sicher die Straße zu überqueren, sich in der Schule zu konzentrieren oder in stressigen Situationen einen kühlen Kopf zu bewahren – die Fähigkeit zur Impulskontrolle ist ein Schlüssel zu einem erfolgreichen und ausgeglichenen Leben.

Beispiel:
Stellen Sie sich eine alltägliche Szene vor: Ihr Kind spielt im Park und plötzlich rollt ein Ball auf die Straße. In diesem Moment zählt jede Sekunde. Die Fähigkeit Ihres Kindes, auf ein „Stopp"-Signal unmittelbar zu reagieren, kann in solchen kritischen Augenblicken lebenswichtig sein. Es handelt sich hierbei nicht einfach um eine Frage des Gehorsams oder der Disziplin. Vielmehr geht es um die Ausbildung eines raschen Reaktionsvermögens, das eng mit der Fähigkeit zur Impulshemmung verknüpft ist.

In solchen Situationen wird das schnelle und effiziente Zusammenspiel verschiedener kognitiver Fähigkeiten deutlich. Ihr Kind muss seinen natürlichen Impuls, dem Ball hinterherzulaufen, unterdrücken. Gleichzeitig muss es die Bedeutung des „Stopp"-Signals erfassen und eine bewusste Entscheidung treffen, nicht auf die Straße zu laufen. Das ist ein komplexer Prozess, der in Bruchteilen von Sekunden im Gehirn abläuft.

Diese Fähigkeit zur schnellen Impulskontrolle ist nicht nur in potenziell gefährlichen Situationen nützlich. Sie kommt auch im schulischen Kontext zum Tragen, etwa wenn Ihr Kind den Drang unterdrücken muss, im Unterricht dazwischenzurufen, oder wenn es warten muss, bis es an der Reihe ist. Auch im späteren Leben, sei es im Beruf oder in sozialen Beziehungen, ist die Fähigkeit, Impulse zu kontrollieren und bewusste Entscheidungen zu treffen, ein unschätzbarer Vorteil.

Das Spiel

Ziel des Spiels:
Das Hauptziel dieses Spiels ist die Förderung der Fähigkeit zur sofortigen Impulshemmung und die Entwicklung von Selbstkontrolle und schnellem Denken.

Materialien:

- Ein offener Raum (Garten, Park oder ein großes Zimmer)
- Ein Ball oder ein anderes leichtes Objekt

Anleitung:

- Dieses Spiel ist flexibel und kann sowohl mit einem als auch mit mehreren Kindern gespielt werden. Bei mehreren Teilnehmern erhöht sich der Wettbewerbsfaktor, was zusätzlich die Aufmerksamkeit und die Reaktionsgeschwindigkeit der Kinder fördert.
- Ihr Kind beginnt, im festgelegten Raum herumzulaufen oder zu tanzen. Es kann sich frei bewegen und die Art der Bewegung ist ganz seiner Fantasie überlassen.

- Während Ihr Kind in Bewegung ist, übernehmen Sie die Rolle des Kommandogebers. Sie rufen abwechselnd „Lauf" oder „Stopp". Bei „Lauf" darf Ihr Kind seine Bewegung fortsetzen, sei es Laufen, Hüpfen oder Tanzen.
- Bei dem Kommando „Stopp" muss Ihr Kind sofort innehalten, egal, in welcher Position es sich gerade befindet. Es sollte so schnell wie möglich reagieren und wie eine Statue verharren.
- Die Herausforderung für Ihr Kind besteht darin, wirklich abrupt zu stoppen, sobald das „Stopp"-Signal ertönt. Es geht darum, die Fähigkeit zur sofortigen Impulshemmung zu trainieren.
- Um das Spiel spannender zu gestalten, variieren Sie die Intervalle zwischen den Kommandos. Mal lassen Sie Ihr Kind länger laufen, mal rufen Sie „Stopp" nach nur wenigen Sekunden.
- Sie können die Komplexität des Spiels erhöhen, indem Sie weitere Kommandos wie „Spring" oder „Dreh dich" einbauen. Diese zusätzlichen Anweisungen fördern die Fähigkeit Ihres Kindes, mehrere Anweisungen gleichzeitig zu verarbeiten und entsprechend zu reagieren.

Was wird gefördert?

- Sofortige Impulshemmung
- Selbstkontrolle
- Schnelles Denken

Tipps für Eltern:

- Loben Sie Ihr Kind, wenn es erfolgreich auf das „Stopp"-Signal reagiert. Dies stärkt das Selbstbewusstsein und fördert die Motivation.
- Führen Sie kleine Belohnungen ein, um die Motivation aufrechtzuerhalten. Zum Beispiel können Sie kleine Aufkleber oder Punkte vergeben, die später gegen eine Belohnung eingetauscht werden können.
- Variieren Sie das Spiel, um es interessant zu halten. Dies kann durch das Hinzufügen neuer Kommandos geschehen oder durch das Spielen in verschiedenen Umgebungen, wie zum Beispiel im Garten oder im Park.

Herausforderungen und wie Sie ihnen begegnen können:

- Wenn Ihr Kind Schwierigkeiten hat, auf das Stopp-Signal zu warten, erinnern Sie es daran, geduldig zu sein und das Signal zu beachten.
- Sollte die Reaktionszeit Ihres Kindes etwas langsam sein, üben Sie das Spiel in einem langsameren Tempo und steigern die Geschwindigkeit allmählich.
- Falls Ihr Kind abgelenkt wirkt, könnte ein visuelles Signal zusätzlich zum akustischen Stopp-Signal hilfreich sein.
- Sorgen Sie dafür, dass die Spielregeln klar verstanden werden, indem Sie sie vor Spielbeginn gemeinsam durchgehen.
- Bei Fehlern oder Missverständnissen ist es hilfreich, das Spiel kurz zu pausieren und die Situation zu besprechen. Nutzen Sie die Gelegenheit für eine kurze Reflexion.

Ampel-Signale: Reaktion auf Farbwechsel und Anhalten

Das Ampel-Signale-Spiel ist eine ausgeklügelte Methode, um die zeitliche Steuerung von Aktionen und das Reaktionsvermögen Ihres Kindes zu fördern. Denken Sie an all die Momente, in denen Ihr Kind blitzschnell reagieren muss, sei es beim Überqueren einer Straße, beim Spielen mit Freunden oder sogar beim Sport. In solchen Situationen ist es unerlässlich, dass Ihr Kind die Fähigkeit besitzt, seine Handlungen in einem Bruchteil einer Sekunde zu steuern und anzupassen.

Das Spiel simuliert die Funktionsweise einer Verkehrsampel, ein alltägliches Element, das Ihr Kind bereits aus dem Straßenverkehr kennt. Durch die Verwendung von farbigen Karten oder Tüchern, die die Ampelfarben Rot, Gelb und Grün repräsentieren, wird Ihr Kind trainiert, auf visuelle Reize mit angemessenem Verhalten zu reagieren. Wenn die rote Karte hochgehalten wird, lernt Ihr Kind, sofort anzuhalten. Bei der gelben Karte wird die Geschwindigkeit gedrosselt und bei Grün gibt es grünes Licht für volle Fahrt voraus.

Diese Übung ist eine praxisnahe Vorbereitung auf Situationen, in denen eine schnelle Reaktion und die Fähigkeit, Handlungen bewusst zu steuern, von großer Bedeutung sind. Es ist wie ein Mini-Fahrschultraining für Kinder, bei dem sie lernen, wie man auf Signale reagiert, die Geschwindigkeit anpasst und sogar unerwartete Situationen meistert. So wird Ihr Kind nicht nur im Spiel, sondern auch im echten Leben immer sicherer.

Das Spiel

Ziel des Spiels:
Das Hauptziel dieses Spiels ist die Übung in der zeitlichen Steuerung von Aktionen und die Förderung der Fähigkeit, auf visuelle Signale zu reagieren.

Materialien:

- Drei farbige Karten oder Tücher (Rot, Gelb, Grün)
- Ein offener Raum

Anleitung:

- Legen Sie die farbigen Karten oder Tücher in einer Reihe auf den Boden oder halten Sie sie hoch.
- Ihr Kind bewegt sich frei im Raum. Sobald Sie eine der farbigen Karten hochhalten, muss Ihr Kind entsprechend reagieren: Rot bedeutet Stoppen, Gelb bedeutet langsames Gehen und Grün bedeutet Laufen oder Rennen.
- Die Herausforderung besteht darin, die Farben schnell zu wechseln und Ihr Kind damit auf Trab zu halten. Sie können auch die Reihenfolge der Farben variieren, um das Spiel spannender zu gestalten.
- Um die Komplexität zu erhöhen, können Sie zusätzliche Regeln einführen, wie zum Beispiel das Umdrehen bei einer blauen Karte.
- Dieses Spiel eignet sich gut für Einzelkinder, kann aber auch in einer Gruppe gespielt werden. Bei mehreren Kindern kann das Spiel als Wettbewerb gestaltet werden, bei dem jedes Kind versucht, am schnellsten und genauesten auf die Farbsignale zu reagieren.

Was wird gefördert?

- Zeitliche Steuerung von Aktionen
- Reaktion auf visuelle Signale

Tipps für Eltern:

- Loben Sie Ihr Kind für schnelle und korrekte Reaktionen. Das stärkt das Selbstbewusstsein und fördert die Motivation.
- Führen Sie kleine Belohnungen ein, um die Motivation hochzuhalten. Ein kleiner Aufkleber oder ein Punkt, der später gegen eine Belohnung eingetauscht werden kann, wirkt oft Wunder.
- Variieren Sie das Spiel, um es interessant zu halten. Dies kann durch das Hinzufügen neuer Farben oder durch das Spielen in verschiedenen Umgebungen geschehen.

Herausforderungen und wie Sie ihnen begegnen können:

- Falls Ihr Kind die Farben der Ampel verwechselt, nehmen Sie sich einen Moment Zeit, um die Bedeutung jeder Farbe zu klären.
- Wenn Ihr Kind zu schnell reagiert, bevor die Ampelfarbe wechselt, ermutigen Sie es, einen Moment zu warten und genau hinzuschauen.
- Sollte Ihr Kind leicht ablenkbar sein, könnte ein ruhigerer Spielort förderlich sein.
- Falls die Spielregeln nicht sofort klar sind, gehen Sie diese noch einmal gemeinsam durch und stellen sicher, dass alle Fragen geklärt sind.
- Wenn Ihr Kind bei Fehlern frustriert oder enttäuscht ist, nutzen Sie die Gelegenheit für eine kurze, einfühlsame Besprechung.

Geschichten-Vervollständigung: Vorausschauendes Denken und Geduld üben

Das Spiel der Geschichten-Vervollständigung dient als hervorragende Trainingsplattform für die Entwicklung von Geduld und vorausschauendem Denken bei Ihrem Kind. In einer schnelllebigen Gesellschaft, in der die Erwartung an sofortige Ergebnisse immer mehr zunimmt, stellt dieses Spiel eine Gelegenheit dar, die Kunst der Geduld zu üben. Ihr Kind wird dazu angehalten, innezuhalten, tief durchzuatmen und seine Gedanken zu ordnen. Es ist eine Übung, die weit über das Spiel hinausreicht und in den Alltag übertragen werden kann.

Diese Momente des Innehaltens sind nicht nur Pausen im Spiel, sondern auch wertvolle Lerngelegenheiten. Sie geben Ihrem Kind die Zeit, seine Gedanken zu sammeln und seine nächsten Schritte sorgfältig zu überlegen. Diese bewussten Pausen fördern die Selbstbeherrschung und lehren Ihr Kind, impulsives Handeln zu vermeiden. Es ist eine praktische Übung in der Kunst der Selbstregulierung, die Ihr Kind dazu befähigt, in verschiedenen Lebenssituationen kluge Entscheidungen zu treffen. So wird die Fähigkeit, Geduld zu zeigen und vorausschauend zu denken, nicht nur im Kontext des Spiels, sondern auch in alltäglichen Herausforderungen gestärkt.

Es ist auch ein effektives Werkzeug zur Förderung des strategischen Denkens. Ihr Kind erhält die Möglichkeit, seine kreativen Ideen und Gedanken in einer geordneten, sinnvollen Reihenfolge zu präsentieren. Dabei geht es nicht nur darum, eine Geschichte zu erzählen, sondern sie auch in einer Weise zu strukturieren, die sowohl logisch kohärent als auch fesselnd ist.

Diese Übung im strukturierten Denken ist weitreichend und überträgt sich auf zahlreiche andere Lebensbereiche. Ob es darum geht, einen Aufsatz für die Schule zu schreiben, ein Projekt zu planen oder eine komplexe Aufgabe zu lösen, die Fähigkeit, Gedanken und Ideen in einer klaren, logischen

Reihenfolge zu organisieren, ist von unschätzbarem Wert. Ihr Kind wird so besser darauf vorbereitet, Herausforderungen sowohl im schulischen Kontext als auch in späteren Lebensphasen erfolgreich zu meistern. Es ist eine umfassende Schulung in kognitiven Fähigkeiten, die auch über das Spiel hinaus Anwendung finden.

Das Spiel

Ziel des Spiels:
Das Hauptziel dieses Spiels ist die Förderung der Geduld und des vorausschauenden, strategischen Denkens Ihres Kindes.

Materialien:

- Ein gemütlicher Sitzplatz
- Ein Notizbuch oder Papier und Stifte (optional)

Anleitung:

- Sie beginnen, eine Geschichte zu erzählen, aber stoppen an einem spannenden oder unerwarteten Punkt.
- Ihr Kind muss dann geduldig warten, bevor es seine eigenen Ideen zur Vervollständigung der Geschichte beiträgt.
- Nach einer kurzen Denkpause fährt Ihr Kind mit der Geschichte fort.
- Sie können das Spiel fortsetzen, indem Sie abwechselnd Teile der Geschichte hinzufügen.
- Am Ende können Sie gemeinsam die gesamte Geschichte durchgehen und eventuell aufschreiben.

Ideen für Geschichten:

- Ein kleiner Drache, der nicht fliegen kann
- Ein verlorenes Kätzchen auf der Suche nach seinem Zuhause
- Ein mutiger Ritter, der eine Prinzessin retten will, aber seine Rüstung verliert
- Ein Junge/Mädchen, der/das eine magische Lampe findet
- Ein Raumschiff, das auf einem unbekannten Planeten landet
- Ein Detektiv, der ein mysteriöses Rätsel lösen muss
- Ein Zauberer / Eine Zauberin, der/die einen wichtigen Zauberstab verliert

Was wird gefördert?

- Geduld
- Vorausschauendes, strategisches und kreatives Denken

Tipps für Eltern:

- Dieses Spiel ist ideal für ein Kind, kann jedoch auch mit mehreren Kindern gespielt werden. In einer Gruppensituation kann jedes Kind abwechselnd einen Teil der Geschichte hinzufügen, was die Interaktion und das gemeinsame kreative Denken fördert.
- Loben Sie Ihr Kind für kreative und logische Fortsetzungen der Geschichte.
- Wenn Ihr Kind Schwierigkeiten hat, geduldig zu warten, erinnern Sie es daran, dass gute Ideen Zeit brauchen.
- Sie können das Spiel auch variieren, indem Sie es in verschiedenen Umgebungen spielen oder zusätzliche Elemente wie Zeichnungen hinzufügen.

Herausforderungen und wie Sie ihnen begegnen können:

- Sollte Ihr Kind Schwierigkeiten haben, die Geschichte fortzusetzen, könnten Sie kleine Hinweise oder Anregungen geben, um die Kreativität anzukurbeln.
- Falls die Geschichte in verschiedene Richtungen abdriftet und keinen klaren Fokus hat, könnten Sie gemeinsam überlegen, wie man sie wieder auf Kurs bringen könnte.
- Wenn Ihr Kind ungeduldig wird, während es auf den nächsten Teil der Geschichte wartet, erinnern Sie es daran, dass gute Geschichten Zeit brauchen.
- Wenn Ihr Kind Schwierigkeiten hat, den Verlauf der Geschichte zu verstehen, wäre es hilfreich, die bisherigen Teile noch einmal gemeinsam durchzugehen.
- Falls Ihr Kind sehr emotional in die Geschichte involviert ist und möglicherweise enttäuscht ist, wenn es nicht so läuft, wie es sich das vorgestellt hat, sprechen Sie darüber, wie Geschichten oft unerwartete Wendungen nehmen können.

Gemeinsames Malen: Abwechselndes Gestalten fördert Geduld

Gemeinsames Malen dient als praktische Übung, um die Geduld und Teamfähigkeit Ihres Kindes zu stärken. In einer Zeit, in der die soziale Interaktion oft durch Bildschirme ersetzt wird, stellt dieses Spiel eine wertvolle Gelegenheit dar, echte soziale Fähigkeiten zu entwickeln. Ihr Kind erhält die Chance, die Freude am Teilen kreativer Ideen zu erleben und gleichzeitig die Bedeutung von Geduld und Kooperation zu verstehen.

Es ist eine hervorragende Gelegenheit zur Förderung der kognitiven Entwicklung Ihres Kindes. Wenn Ihr Kind darüber nachdenkt, welches Motiv es als Nächstes malen möchte oder welche Farben am harmonischsten miteinander kombiniert werden können, wird ein ganzes Netzwerk von Fähigkeiten aktiviert. Das vorausschauende Denken kommt ins Spiel, wenn Ihr Kind plant, welcher Teil des Bildes als Nächstes gestaltet werden soll. Es muss überlegen, welche Elemente am besten zusammenpassen und wie sie auf der Leinwand angeordnet werden sollten, um ein stimmiges Gesamtbild zu erzeugen. Darüber hinaus werden die Problemlösungsfähigkeiten geschärft. Vielleicht stellt Ihr Kind fest, dass zwei gewählte Farben nicht so gut harmonieren wie gedacht oder dass ein geplantes Motiv nicht so leicht umzusetzen ist. Hier muss es kreative Lösungen finden, sei es durch die Anpassung der Farbpalette oder durch die Änderung des Motivs. Diese mentalen Gymnastikübungen sind nicht nur für das Spiel selbst nützlich, sondern bereiten Ihr Kind auch darauf vor, in anderen Situationen, die ein schnelles und effizientes Denken erfordern, erfolgreich zu sein.

Das gemeinsame Malen bietet auch eine hervorragende Gelegenheit zur Verbesserung der Feinmotorik Ihres Kindes. Jeder Pinselstrich, jede Farbmischung und jede Linie, die auf die Leinwand gebracht wird, ist eine kleine, aber bedeutsame Übung für die Hand-Auge-Koordination. Beim Halten des Pinsels lernt Ihr Kind, wie viel Druck es ausüben muss, um den gewünschten Strich zu erzeugen. Dies fördert nicht nur die Kontrolle über die Handbewegungen, sondern auch das Gefühl für Nuancen und Details.

Das Mischen der Farben ist auch eine Übung in Präzision. Ihr Kind muss lernen, wie viel von jeder Farbe benötigt wird, um den gewünschten Farbton zu erzielen. Dies erfordert eine feine Abstimmung und ein gutes Verständnis für Verhältnisse, was wiederum das räumliche Denken fördert.

Das präzise Auftragen der Farbe auf die Leinwand schult schließlich die Hand-Auge-Koordination in einer Weise, die in vielen anderen Aktivitäten nützlich ist. Ob es darum geht, Buchstaben zu schreiben, eine Schere zu benutzen oder einen Ball zu fangen – die Fähigkeiten, die hier entwickelt werden, sind vielseitig einsetzbar. So wird Ihr Kind nicht nur im künstlerischen Bereich, sondern auch in vielen anderen Lebenssituationen, die Feinmotorik und Koordination erfordern, besser zurechtkommen.Das gemeinsame Malen hat auch einen tiefgreifenden Einfluss auf das Selbstwertgefühl Ihres Kindes.

Der kreative Prozess sendet eine klare Botschaft an Ihr Kind: „Du bist fähig, etwas Wertvolles und Schönes zu schaffen."

Mit jedem Strich, der das Bild näher zur Vollendung bringt, wächst das Gefühl der Selbstwirksamkeit. Ihr Kind erlebt, wie seine Handlungen direkte, sichtbare Auswirkungen haben. Dies fördert das Verständnis für Ursache und Wirkung und stärkt das Gefühl, die Kontrolle über die eigene Umwelt zu haben.

Die Freude und der Stolz, die Ihr Kind empfindet, wenn es das fertige Kunstwerk betrachtet, ist ein unschätzbarer Schatz für das Selbstwertgefühl. Es lernt, dass Geduld, Teamarbeit und kreative Anstrengung zu lohnenden Ergebnissen führen können. Diese positiven Erfahrungen sind Bausteine, die das Selbstvertrauen Ihres Kindes stärken und es ermutigen, sich neuen Herausforderungen zu stellen. So wird das gemeinsame Malen zu einer wertvollen Übung, die über den künstlerischen Bereich hinausreicht.

Das Spiel

Ziel des Spiels:
Das Hauptziel dieses Spiels ist die Förderung von Geduld, Teamarbeit, kognitiver Entwicklung, Feinmotorik und Selbstwertgefühl.

Materialien:

- Eine große Leinwand oder ein großes Blatt Papier
- Verschiedene Farben (Wasserfarben, Acrylfarben etc.)
- Pinsel in verschiedenen Größen
- Ein Becher mit Wasser zum Pinselreinigen
- Ein Tuch oder Papier zum Abtrocknen der Pinsel

Anleitung:

- Platzieren Sie die Leinwand oder das Papier so, dass Sie und Ihr Kind gut herankommen.
- Wählen Sie gemeinsam eine oder mehrere Farben und einen Pinsel aus.
- Beginnen Sie oder Ihr Kind mit dem ersten Pinselstrich oder einem kleinen Motiv.
- Dann ist der andere an der Reihe und fügt seinerseits etwas zum Kunstwerk hinzu.
- Wechseln Sie sich ab und achten Sie darauf, dem anderen genügend Zeit und Raum für seine kreativen Beiträge zu lassen.
- Während des Wartens kann der andere die Farben mischen oder überlegen, welches Element er als Nächstes hinzufügen möchte.
- Das Spiel geht so lange weiter, bis beide zufrieden sind oder die Leinwand voll ist.

Was wird gefördert?

- Geduld beim Warten auf den nächsten Zug
- Teamarbeit durch gemeinsames Gestalten
- Kognitive Entwicklung durch vorausschauendes Denken und Problemlösung
- Feinmotorik durch präzises Malen und Farbmischen
- Selbstwertgefühl durch das Erleben der eigenen Schaffenskraft

Tipps für Eltern:

- Wenn mehrere Kinder am Spiel teilnehmen, könnte eine gemeinsame Besprechung des fertigen Kunstwerks interessant sein. Jedes Kind könnte erklären, was es gemalt hat und warum, was nicht nur die Kommunikationsfähigkeit, sondern auch das Verständnis für die Perspektiven der anderen fördert.
- Loben Sie Ihr Kind für seine kreativen Beiträge und die Fähigkeit, geduldig zu warten.
- Ermutigen Sie Ihr Kind, neue Techniken oder Farbkombinationen auszuprobieren.
- Bewahren Sie das fertige Kunstwerk als Erinnerung auf oder hängen Sie es auf, um das Selbstwertgefühl Ihres Kindes zu stärken.
- Variieren Sie die Spielumgebung, zum Beispiel durch das Malen im Freien, um neue Inspirationen zu bieten.

Herausforderungen und wie Sie ihnen begegnen können:

- Es kann vorkommen, dass Sie und Ihr Kind unterschiedliche Vorstellungen vom Endergebnis haben. In solchen Fällen könnte ein offenes Gespräch über die künstlerischen Absichten hilfreich sein.
- Sollten die benötigten Malutensilien nicht ausreichen, wäre eine schnelle Lösung, alternative Materialien wie Collagen oder digitale Zeichenprogramme zu verwenden.
- Manchmal verfliegt die Zeit beim Malen. Ein Timer kann dabei helfen, den Überblick zu behalten und sicherzustellen, dass jeder gleich viel Zeit zum Malen hat.
- Ihr Kind könnte frustriert sein, wenn das Kunstwerk nicht „perfekt" wird. Ermutigen Sie es, den Prozess mehr zu schätzen als das Ergebnis.
- Ein Missverständnis bei den Anweisungen kann zu Verwirrung führen. Klären Sie Unklarheiten durch eine kurze Besprechung.

SIMON SAGT: REGELN BEFOLGEN UND IMPULSIVES VERHALTEN UNTERDRÜCKEN

„Simon sagt" ist ein effektives und spielerisches Training für die Selbstregulation und das Verständnis von Regeln. In diesem Spiel geht es darum, Anweisungen nur dann auszuführen, wenn sie mit den Worten „Simon sagt" eingeleitet werden. Klingt einfach, bietet aber eine hervorragende Gelegenheit, das Unterdrücken impulsiver Aktionen zu üben.

In einer Gruppe von Freunden muss Ihr Kind beispielsweise auf der Stelle entscheiden, ob eine Anweisung befolgt werden darf oder nicht. Das ist nicht nur ein Test für die Aufmerksamkeit, sondern auch eine Übung in schneller und bewusster Entscheidungsfindung. Man könnte sagen, das Spiel „Simon sagt" ist wie ein kleines Trainingslager für die geistigen Fähigkeiten, das die Selbstregulierungsfertigkeiten Ihres Kindes stärkt.

„Simon sagt" ist auch ein effektives Werkzeug, um die Fähigkeit zur Regelbefolgung und das Verständnis für Anweisungen zu fördern. Ihr Kind wird durch das Spiel dazu angehalten, nicht nur auf das gesprochene Wort zu achten, sondern auch dessen Bedeutung und Kontext zu erfassen. Das heißt, es lernt, nicht nur mit den Ohren, sondern auch mit dem Verstand zuzuhören.

Diese Fähigkeit, Anweisungen nicht nur zu hören, sondern auch zu verstehen, ist in vielen Lebensbereichen von großem Nutzen – ob in der Schule, wo das Verstehen von Aufgabenstellungen und Anweisungen der Lehrpersonen entscheidend ist, oder später im Berufsleben, wo klare Kommunikation und das Befolgen von Anweisungen oft der Schlüssel zum Erfolg sind. Durch „Simon sagt" erhält Ihr Kind eine frühe Einführung in diese essentiellen Fähigkeiten und ist damit besser für die Herausforderungen der Zukunft gerüstet.

„Simon sagt" ist auch ein soziales Erlebnis, denn während des Spiels interagiert Ihr Kind mit anderen, was ihm die Möglichkeit gibt, ein tieferes Verständnis für die Reaktionen und Emotionen seiner Mitspieler zu entwickeln. Es geht hierbei nicht nur darum, die Anweisungen korrekt zu befolgen, sondern auch darum, die Reaktionen der anderen Kinder auf diese Anweisungen zu beobachten und zu interpretieren.

Dieses bewusste Beobachten und Interpretieren der Reaktionen anderer ist ein erster Schritt in Richtung Empathie. Ihr Kind lernt, sich in die Lage anderer zu versetzen und deren Gefühle und Reaktionen besser zu verstehen. Diese Fähigkeit zur Empathie ist ein Schlüssel zu sozialer Intelligenz. Ob in der Schule, im Freundeskreis oder später im Berufsleben – die Fähigkeit, sich in andere hineinzuversetzen und soziale Signale richtig zu deuten, ist von großem Wert. So wird Ihr Kind durch das scheinbar einfache Spiel „Simon sagt" in mehreren wichtigen Lebensbereichen gefördert.

Die sprachliche Entwicklung Ihres Kindes profitiert ebenfalls von diesem Spiel. „Simon sagt" ist nicht nur ein Spiel der Aktion, sondern auch der Worte. Jede Anweisung, die im Spiel erteilt wird, ist eine Gelegenheit für Ihr Kind, seinen Wortschatz zu erweitern. Ob es nun darum geht, „Springen" von

„Hüpfen" zu unterscheiden oder komplexere Begriffe wie „Dreh dich im Kreis" zu verstehen – jede neue Phrase oder jedes neue Wort stellt eine kleine, aber wertvolle Lektion in Sprachkompetenz dar. Dies fördert nicht nur die Wortkenntnis, sondern hilft Ihrem Kind auch, komplexere Sätze und Anweisungen besser zu verstehen, was in der Schule und im Alltag von großem Nutzen ist.

Und dann gibt es noch den oft übersehenen Vorteil des Stressabbaus. Kinder haben eine natürliche Energie, die sie irgendwo kanalisieren müssen. „Simon sagt" bietet eine hervorragende Plattform, um genau das zu tun. Die schnellen Entscheidungen, die Ihr Kind treffen muss, und die körperliche Aktivität, die oft damit einhergeht, sind ausgezeichnete Wege, um überschüssige Energie sinnvoll zu nutzen. Dies hat den angenehmen Nebeneffekt, dass Stress und Anspannung abgebaut werden, was wiederum das emotionale Wohl Ihres Kindes fördert. So wird aus einem einfachen Spiel eine vielschichtige Aktivität, die in verschiedenen Bereichen positive Effekte hat.

Das Spiel

Ziel des Spiels:
Das Hauptziel dieses Spiels ist die Verbesserung der Selbstregulation, des Regelverständnisses und der sozialen Fähigkeiten Ihres Kindes.

Materialien:

- Keine speziellen Materialien erforderlich

Anleitung:

- Dieses Spiel ist sowohl für Einzelkinder als auch für Gruppen geeignet. Bei mehreren Teilnehmern kann das Spiel in Teams gespielt werden, wobei jedes Team abwechselnd die Anweisungen gibt. Dies fördert nicht nur die Teamarbeit, sondern auch die Fähigkeit, sich auf die Anweisungen anderer zu konzentrieren.
- Eine Person (in diesem Fall Sie als Elternteil) gibt Anweisungen. Ihr Kind darf die Anweisung nur dann ausführen, wenn sie mit den Worten „Simon sagt" eingeleitet wurde. Hier einige Beispiele:
  - „Simon sagt, berühre deine Zehen."
  - „Simon sagt, klatsche in die Hände."
  - „Simon sagt, dreh dich einmal im Kreis."
  - „Simon sagt, hüpfe auf einem Bein."
  - „Simon sagt, zeige auf die Decke."
  - „Simon sagt, mache ein Tiergeräusch."
  - „Simon sagt, setze dich hin und stehe wieder auf."

o „Simon sagt, laufe zum Fenster und zurück."
o „Simon sagt, zähle bis drei."
o „Simon sagt, mache eine Grimasse."

• Ihr Kind muss schnell entscheiden, ob es die Anweisung ausführen soll oder nicht, je nachdem, ob „Simon sagt" gesagt wurde oder nicht.

• Wenn eine Anweisung ohne „Simon sagt" ausgeführt wird, scheidet das Kind aus oder bekommt einen Minuspunkt.

• Nach einigen Runden können Sie die Rollen tauschen und Ihr Kind die Anweisungen geben lassen.

• Um das Spiel interessanter zu gestalten, können Sie die Geschwindigkeit der Anweisungen erhöhen oder zusätzliche Regeln einführen. Hier einige Anregungen:

Zeitlimit: Setzen Sie ein Zeitlimit für jede Runde. Wer die meisten Anweisungen korrekt befolgt hat, gewinnt die Runde.

Punktesystem: Statt bei einem Fehler auszuscheiden, könnte jedes Kind Punkte sammeln – zwei Punkte bei korrekter Ausführung und ein Punkt bei einem Fehler.

Themenrunden: Jede Runde könnte ein bestimmtes Thema haben, wie Tiere oder Sportarten, und die Anweisungen sollten sich darauf beziehen.

Stille Runde: In dieser speziellen Runde werden die Anweisungen nur geflüstert oder durch Gesten gezeigt.

Musikalische Untermalung: Spielen Sie Musik im Hintergrund. Wenn die Musik stoppt, stoppen auch die Anweisungen und jeder muss innehalten.

Doppelte Anweisungen: Geben Sie zwei Anweisungen gleichzeitig, z. B.: „Simon sagt, berühre deine Zehen und drehe dich im Kreis." Beide müssen korrekt ausgeführt werden.

• Nach dem Spiel können Sie gemeinsam besprechen, was gut gelaufen ist und wo noch Verbesserungspotenzial besteht.

Was wird gefördert?

- Selbstregulation
- Hörverstehen
- Regelverständnis
- Soziale Fähigkeiten
- Sprachliche Entwicklung
- Stressabbau

Tipps für Eltern:

- Loben Sie Ihr Kind für richtig ausgeführte Anweisungen.
- Nutzen Sie eine Vielzahl von Anweisungen, um den Wortschatz Ihres Kindes zu erweitern.
- Variieren Sie das Spiel, um es spannend zu halten, beispielsweise durch das Einführen neuer Regeln oder das Spielen in verschiedenen Umgebungen.

Herausforderungen und wie Sie ihnen begegnen können:

- Das rasche Wechseln der Anweisungen kann für Ihr Kind verwirrend sein. Ein langsamerer Anfang kann helfen, das Kind an das Spieltempo zu gewöhnen.
- Besonders jüngere Kinder könnten Schwierigkeiten haben, die Spielregeln sofort zu verstehen. Eine einfache Erklärung und ein paar Übungsrunden können hier Abhilfe schaffen.
- Geräusche oder andere Ablenkungen könnten die Konzentration stören. Suchen Sie eine ruhige Umgebung für das Spiel aus.
- Manchmal können die Anweisungen mehrdeutig sein. Sorgen Sie für klare, einfache Kommandos, um Missverständnisse zu vermeiden.
- Das Spiel kann wettbewerbsorientiert werden, was bei einigen Kindern zu Frustration führen kann. Versuchen Sie, den Fokus auf den Spaß am Spiel und nicht auf das Gewinnen zu legen.

Selbstregulationschallenge für Kinder und Eltern

In 30 Tagen zu mehr Selbstregulation

Die Bedeutung von Selbstregulation und Bindung

Selbstregulation ist eng mit der Qualität der Eltern-Kind-Bindung verknüpft. Eine sichere Bindung zwischen Ihnen und Ihrem Kind legt den Grundstein für eine erfolgreiche Selbstregulation. In einer Atmosphäre der Geborgenheit und des Vertrauens lernt Ihr Kind, seine Emotionen besser zu verstehen und zu steuern. Es ist wie ein unsichtbares Sicherheitsnetz, das Ihr Kind auffängt, wenn die Welt einmal wieder Kopf steht. Co-Regulation und Spiegeln sind zwei Methoden, die diesen Prozess noch weiter fördern. Bei der Co-Regulation greifen Sie aktiv in die emotionale Regulation Ihres Kindes ein.

Definition: Co-Regulation
Co-Regulation bezeichnet den Prozess, bei dem zwei oder mehr Personen ihre emotionalen Zustände, Verhaltensweisen oder Gedanken gemeinsam regulieren. In der Regel handelt es sich dabei um eine interaktive Abstimmung, die oft in Beziehungen zwischen Eltern und Kindern, aber auch in anderen sozialen Kontexten vorkommt. Co-Regulation ist ein dynamischer Vorgang, bei dem die Beteiligten aufeinander eingehen, um ein Gleichgewicht oder eine Harmonie in ihrer emotionalen und kognitiven Verfassung herzustellen.

Ein Beispiel: Angenommen, Ihr Kind ist nach der Schule sehr aufgeregt, weil es einen Test nicht gut absolviert hat. Sie bemerken die Anspannung und entscheiden sich, gemeinsam eine Entspannungsübung zu machen. Sie setzen sich nebeneinander und führen die Schmetterlingsatmung durch, die Sie bereits aus der Challenge dieses Ratgebers kennen. Während dieser Übung spüren Sie beide, wie die Anspannung nachlässt und durch ein Gefühl der Ruhe ersetzt wird. Hier haben Sie durch Co-Regulation nicht nur die Emotionen Ihres Kindes beeinflusst, sondern auch Ihre eigene emotionale Verfassung verbessert.

Es geht nicht nur darum, Ihrem Kind zu helfen, seine Emotionen zu kontrollieren. Es geht darum, eine Brücke zu bauen, eine Verbindung, die auf gegenseitigem Verständnis und Respekt basiert. Sie sind nicht nur der Beobachter der emotionalen Welt Ihres Kindes, sondern ein aktiver Teilnehmer. Das

Schöne an der Co-Regulation ist ihre Vielseitigkeit. Sie ist nicht nur auf stressige oder emotionale Momente beschränkt. Sie ist ein ständiger Dialog, der in den alltäglichen Interaktionen mit Ihrem Kind eingebettet ist. Ob es darum geht, die Freude über ein gut bestandenes Schulprojekt zu teilen oder die Enttäuschung über ein verlorenes Spiel zu mildern, Co-Regulation ist immer präsent. Co-Regulation ist also nicht nur eine Methode, sondern eine Lebensphilosophie, die die Art und Weise, wie Sie Ihr Kind erziehen, revolutionieren kann. Es ist der Leuchtturm, der nicht nur das Boot sicher durch den Sturm führt, sondern auch den Kurs für eine lebenslange Reise der emotionalen Intelligenz und des Wohlbefindens setzt.

Anleitung: Schritt für Schritt zur Co-Regulation

1. Erkennen der emotionalen Signale
Achten Sie auf die Anzeichen, die Ihr Kind gibt, wenn es emotional aufgeladen oder gestresst ist. Das können sowohl verbale als auch nonverbale Signale sein, wie etwa Unruhe, lautes Schreien oder das Ballen der Fäuste.

2. Annäherung und Raum geben
Nähern Sie sich Ihrem Kind und bieten Sie ihm Ihre volle Aufmerksamkeit. Manchmal ist auch körperliche Nähe hilfreich, aber achten Sie darauf, ob Ihr Kind in diesem Moment Raum für sich braucht.

3. Beruhigende Kommunikation
Verwenden Sie eine ruhige und sanfte Stimme, um mit Ihrem Kind zu sprechen. Einfache und klare Sätze wie „Ich bin hier für dich" oder „Wir schaffen das zusammen" können sehr beruhigend wirken.

4. Körperliche Berührung
Wenn Ihr Kind es zulässt, können liebevolle Berührungen wie Streicheln oder Umarmungen zusätzlich beruhigen. Manchmal reicht schon das Halten der Hand.

5. Gemeinsames Durchatmen
Führen Sie Ihr Kind durch einfache Atemübungen. Ein tiefer Atemzug durch die Nase, ein kurzer Moment des Innehaltens und ein langsames Ausatmen durch den Mund können Wunder wirken.

6. Benennen der Emotionen
Helfen Sie Ihrem Kind, seine Gefühle zu benennen. Das kann die Tür zu weiteren Gesprächen öffnen und Ihrem Kind helfen, seine Emotionen besser zu verstehen.

7. Lösungsansätze finden
Je nach Situation können Sie gemeinsam mit Ihrem Kind überlegen, wie es mit seinen Gefühlen umgehen möchte. Das kann ein ruhiger Ort zum Ausspannen sein oder eine kreative Möglichkeit, die Emotionen auszudrücken.

8. Nachbesprechung
Nachdem sich die Emotionen gelegt haben, ist es hilfreich, das Erlebte zu reflektieren. Was hat gut funktioniert? Was könnte beim nächsten Mal anders gemacht werden?

9. Bestätigung und Lob
Loben Sie Ihr Kind für seine Bemühungen, sich selbst zu regulieren. Das stärkt das Selbstbewusstsein und die Motivation für zukünftige Herausforderungen in der emotionalen Selbstregulation.

10. Wiederholung und Konstanz
Co-Regulation ist kein einmaliges Event, sondern ein fortlaufender Prozess. Je öfter Sie diese Methode anwenden, desto vertrauter und effektiver wird sie für Sie und Ihr Kind.

Beim Spiegeln liegt der Fokus auf der bewussten Reflexion der Emotionen und Handlungen Ihres Kindes. Das funktioniert sowohl durch verbale als auch durch nonverbale Kommunikation. Das Besondere am Spiegeln ist seine subtile Kraft. Es erfordert keine großen Gesten oder dramatischen Worte. Es sind die kleinen Momente, die zählen: Ein anerkennender Blick, ein Nicken oder ein einfaches „Ich verstehe, wie du dich fühlst" können schon ausreichen. Es geht darum, die Welt durch die Augen Ihres Kindes zu sehen und ihm zu zeigen, dass seine Gefühle gesehen, gehört und verstanden werden.

Das Spiegeln funktioniert nach dem Prinzip eines wechselseitigen Austauschs, bei dem Sie und Ihr Kind abwechselnd die Führungs- und die Begleitrolle übernehmen. Diese Kommunikationsform erweitert den verbalen Austausch um eine emotionale Dimension und fördert ein besseres Verständnis zwischen Ihnen und Ihrem Kind. Zudem bietet diese Methode eine stabile Grundlage für die emotionale Entwicklung Ihres Kindes, insbesondere in Bezug auf das Verstehen und Ausdrücken von Gefühlen.

Anleitung: Spiegeln

1. Aufmerksame Beobachtung
Beobachten Sie Ihr Kind genau, um seine Emotionen und Verhaltensweisen zu erkennen. Achten Sie auf Mimik, Gestik und Körpersprache sowie auf verbale Äußerungen.

2. Augenkontakt herstellen
Versuchen Sie, Augenkontakt mit Ihrem Kind herzustellen. Dies schafft eine direkte Verbindung und zeigt, dass Sie voll und ganz präsent sind.

3. Emotionen benennen
Benennen Sie die Emotion, die Sie bei Ihrem Kind wahrnehmen. Verwenden Sie einfache Sätze wie „Ich sehe, du bist traurig" oder „Du wirkst gerade sehr aufgeregt".

4. Verbale Bestätigung
Bestätigen Sie die Gefühle Ihres Kindes verbal. Das kann durch einfache Sätze wie „Das ist ganz normal, dass du dich so fühlst" oder „Ich verstehe, warum du wütend bist" geschehen.

5. Nonverbale Kommunikation
Nutzen Sie Ihre eigene Mimik und Gestik, um die Emotionen Ihres Kindes zu spiegeln. Ein Lächeln oder eine beruhigende Hand auf der Schulter kann sehr wirkungsvoll sein.

6. Aktives Zuhören
Hören Sie Ihrem Kind aufmerksam zu, wenn es über seine Gefühle spricht. Wiederholen Sie ab und zu seine eigenen Worte, um zu zeigen, dass Sie wirklich zugehört haben.

7. Offene Fragen stellen
Stellen Sie offene Fragen, um mehr über die Gefühle Ihres Kindes zu erfahren. Fragen wie „Wie hat dich das fühlen lassen?" oder „Was würdest du jetzt gerne tun?" können sehr aufschlussreich sein.

8. Gemeinsame Reflexion
Nutzen Sie die Gelegenheit, gemeinsam über die Situation und die damit verbundenen Emotionen nachzudenken. Das hilft Ihrem Kind, seine eigenen Gefühle besser zu verstehen.

9. Bestätigung und Anerkennung
Loben Sie Ihr Kind für seine Offenheit und seinen Mut, seine Emotionen zu teilen. Das fördert das Selbstbewusstsein und die emotionale Intelligenz.

10. Fortlaufende Praxis
Auch hier gilt: Je mehr Sie die Praxis in den Alltag integrieren, desto natürlicher und effektiver wird es für Sie und Ihr Kind werden.

In den kommenden 30 Tagen erwartet Sie und Ihr Kind ein spannendes Training der Selbstregulation, das wie ein gut durchdachter Kurs aufgebaut ist. Die Selbstregulationschallenge bietet eine Fülle von Aktivitäten, Spielen und Übungen, die nicht nur unterhaltsam sind, sondern auch die Selbstregulation und die Bindung zwischen Ihnen und Ihrem Kind fördern.

Tag 1–5: Emotionen erkennen und ausdrücken

Herzlich willkommen zu den ersten fünf Tagen der Selbstregulationschallenge! In diesem Abschnitt dreht sich alles um das Erkennen und Ausdrücken von Emotionen. Emotionale Intelligenz ist nicht nur für Erwachsene, sondern auch für Kinder ein Schlüssel zu einem erfüllten und ausgeglichenen Leben. Sie hilft dabei, Gefühle besser zu verstehen, mit Stress umzugehen und soziale Beziehungen zu stärken.

Sie finden in diesem Kapitel eine Reihe von Aktivitäten und Spielen, die speziell darauf ausgerichtet sind, die emotionale Intelligenz Ihres Kindes zu fördern. Dabei geht es nicht nur um Theorie, sondern vor allem um die praktische Anwendung. Die detaillierten Anleitungen zu den einzelnen Spielen haben Sie bereits in den vorherigen Kapiteln dieses Buches kennengelernt. Jetzt liegt der Fokus darauf, wie diese Aktivitäten nahtlos in den Familienalltag integriert werden können.

Bereiten Sie sich also darauf vor, gemeinsam mit Ihrem Kind in die Welt der Emotionen einzutauchen und dabei wertvolle Fähigkeiten für das Leben zu entwickeln. Auf geht's!

Tag 1: Emotions-Memory-Spiel

Integration in den Alltag

Das Emotions-Memory-Spiel lässt sich leicht in den Alltag integrieren. Zum Beispiel könnte das Spiel ein fester Bestandteil des Wochenendprogramms werden oder als besondere Aktivität für verregnete Nachmittage dienen. Es eignet sich auch hervorragend als Übergang von der Schule zum entspannten Familienabend. Die Karten können sogar in einer kleinen Box aufbewahrt und unterwegs, etwa im Wartezimmer oder auf einer langen Autofahrt, hervorgeholt werden.

Erweiterte Tipps für die Reflexion nach dem Spiel

- Was hat Ihr Kind gelernt?

Nach dem Spiel ist es sinnvoll, einen Moment der Reflexion einzulegen. Um das Gespräch zu fördern und ein tieferes Verständnis für die erlebten Emotionen zu entwickeln, können Sie folgende Fragen stellen:

Welche Emotionen konntest du dir am besten merken?

Gab es eine Emotion auf den Karten, die du vorher noch nicht kanntest?

Welche Emotion war am schwierigsten zu erkennen und warum?

Gab es eine Emotion, die dich an etwas Bestimmtes erinnert hat?

Hast du eine neue Emotion entdeckt, die du vorher noch nicht benennen konntest?

Wie fühlst du dich, wenn du die verschiedenen Emotionen siehst?

Gibt es eine Emotion, die du gerne besser verstehen würdest?

- Wie fühlten Sie sich beide während des Spiels?

Auch Ihre eigenen Gefühle während des Spiels sind ein interessanter Punkt für die Reflexion. Fühlten Sie sich entspannt, amüsiert oder vielleicht sogar selbst ein wenig herausgefordert? Teilen Sie diese Empfindungen mit Ihrem Kind und fragen Sie es ebenfalls nach seinen Gefühlen. War es frustriert, wenn es nicht die passenden Karten fand, oder spürte es Freude und Stolz bei einem erfolgreichen Zug? Solche Gespräche fördern nicht nur das Bewusstsein für die eigenen Emotionen, sondern stärken auch die emotionale Bindung zwischen Ihnen und Ihrem Kind.

Tag 2: Gefühlsbilder malen

Vorschläge für verschiedene Kunstmaterialien und -techniken

Für das Malen von Gefühlsbildern stehen Ihnen zahlreiche Materialien zur Verfügung, die jeweils unterschiedliche Ausdrucksmöglichkeiten bieten. Hier einige Anregungen:

- **Wasserfarben**: sind ideal für fließende, weiche Darstellungen von Emotionen.
- **Acrylfarben**: bieten kräftige Farben und sind gut für ausdrucksstarke, dynamische Bilder.
- **Kreide oder Pastell**: ermöglichen sanfte Übergänge und sind gut für nuancierte Gefühlsdarstellungen.
- **Collage**: Schneiden Sie Bilder oder Worte aus Zeitschriften aus, die bestimmte Emotionen repräsentieren.
- **Fingerfarben**: besonders für jüngere Kinder, um auf spielerische Weise Emotionen auszudrücken.
- **Digitales Zeichnen**: Wenn Ihr Kind technikaffin ist, können auch Tablets oder spezielle Zeichenprogramme zum Einsatz kommen.

Anregungen für die Reflexion nach dem Malen

Nachdem die Kunstwerke fertig sind, bieten sie einen wertvollen Ausgangspunkt für Gespräche über die Gefühle und Emotionen Ihres Kindes. Hier einige Fragen, die Sie stellen könnten:

- *Welche Emotionen hast du beim Malen empfunden?*
- *Gibt es eine Farbe oder ein Muster, das für dich eine bestimmte Emotion darstellt?*
- *War es einfacher oder schwieriger als gedacht, deine Gefühle durch Kunst auszudrücken?*
- *Wie hat sich deine Stimmung während des Malprozesses verändert?*
- *Gibt es ein Element im Bild, das du besonders wichtig findest? Warum?*
- *Würdest du das nächste Mal etwas anders machen, um deine Emotionen besser darzustellen?*

Zur Erinnerung:
Diese Fragen können nicht nur das Verständnis für die eigenen Emotionen fördern, sondern auch die Kommunikation zwischen Ihnen und Ihrem Kind vertiefen. Nutzen Sie diese Gelegenheit, mehr über die Gefühlswelt Ihres Kindes und darüber, wie es diese interpretiert, zu erfahren.

Tag 3: Gefühls-Tagebuch beginnen

Empfehlungen für die Auswahl eines Tagebuchs und den besten Zeitpunkt für das tägliche Schreiben

Die Wahl des richtigen Tagebuchs kann bereits ein motivierender Schritt sein. Hier einige Tipps zur Auswahl:

Design und Format

Wählen Sie ein Tagebuch, das Ihr Kind anspricht. Ob mit bunten Bildern, Lieblingscharakteren oder einfach nur in der Lieblingsfarbe – das Design sollte Ihr Kind zum Schreiben anregen.

Qualität des Papiers

Ein Tagebuch mit hochwertigem Papier macht das Schreiben angenehmer und ist langlebiger.

Größe und Gewicht

Das Tagebuch sollte leicht genug sein, um es überallhin mitnehmen zu können, aber groß genug, um ausreichend Platz für die Gedanken und Gefühle Ihres Kindes zu bieten.

Für das tägliche Schreiben eignen sich verschiedene Zeitpunkte:

- **Morgens** – ein guter Start in den Tag, um die Erwartungen und Gefühle für den bevorstehenden Tag festzuhalten.
- **Nach der Schule**, um die Erlebnisse des Schultages zu reflektieren.
- **Vor dem Schlafengehen** – ein ruhiger Moment, um den Tag Revue passieren zu lassen.

Anleitung, wie Sie Ihr Kind beim Schreiben begleiten und wie Sie das Tagebuch als Kommunikationsmittel nutzen können

Das Gefühls-Tagebuch ist nicht nur ein Instrument für Ihr Kind, sondern kann auch ein wertvolles Kommunikationsmittel zwischen Ihnen beiden sein. Hier einige Anregungen, wie Sie Ihr Kind beim Schreiben begleiten können:

- Nehmen Sie sich Zeit, gemeinsam zu schreiben. Dies kann eine ruhige und konzentrierte Atmosphäre schaffen.
- Fragen wie „Wie fühlst du dich heute?" oder „Was war der beste Teil deines Tages?" können den Schreibprozess anregen.
- Das Tagebuch ist ein persönlicher Raum. Vermeiden Sie es, die Einträge Ihres Kindes zu bewerten oder zu korrigieren.
- Respektieren Sie die Privatsphäre Ihres Kindes. Lesen Sie die Einträge nur, wenn Ihr Kind dies ausdrücklich erlaubt.
- Nutzen Sie das Tagebuch für wöchentliche Gespräche über die Gefühle und Erlebnisse der vergangenen Tage. Dies kann helfen, bestimmte Muster oder wiederkehrende Themen zu erkennen.

Tag 4: Emotions-Check-ins

Vorschläge für Zeiten und Orte, die sich für Emotions-Check-ins eignen

Emotions-Check-ins können zu verschiedenen Tageszeiten und an unterschiedlichen Orten durchgeführt werden, je nachdem, was in Ihren Alltag passt.

Hier einige Anregungen:

Frühstückstisch

Ein kurzer Check-in am Morgen kann den Ton für den restlichen Tag setzen.

Nach der Schule

Ein idealer Moment, um den Schultag zu reflektieren und eventuelle Sorgen oder Erfolge zu besprechen.

Während der Autofahrt

Nutzen Sie die Zeit im Auto für ein ungezwungenes Gespräch, da die Ablenkung durch die Fahrt oft dazu führt, dass Kinder offener sprechen.

Vor dem Schlafengehen

Ein ruhiger Moment, um den Tag abzuschließen und sich auf die Nacht vorzubereiten.

Beispiele für Fragen, die während dieser Check-ins gestellt werden können

Die Fragen sollten offen formuliert sein, um eine tiefere Konversation zu ermöglichen. Hier einige Beispiele:

- *„Wie fühlst du dich gerade?"*
- *„Was war heute ein Höhepunkt für dich?"*
- *„Gab es heute etwas, das dich herausgefordert hat?"*
- *„Hast du heute etwas Neues über dich selbst gelernt?"*
- *„Gibt es etwas, worauf du dich morgen besonders freust?"*
- *„Was würdest du heute anders machen, wenn du könntest?"*

Diese Fragen dienen als Ausgangspunkt und können je nach Bedarf und Situation angepasst werden. Der Schlüssel ist, ein offenes Ohr und Herz für die Antworten Ihres Kindes zu haben. Emotions-Check-ins sind eine hervorragende Möglichkeit, den emotionalen Puls Ihres Kindes zu fühlen und gleichzeitig die Bindung zu stärken. Sie bieten auch eine Gelegenheit, die Selbstregulationsfähigkeiten Ihres Kindes in einer sicheren und unterstützenden Umgebung zu fördern.

Tag 5: Rollenspiele mit Gefühlen

Ideen für verschiedene Szenarien, die gespielt werden können

Rollenspiele sind eine ausgezeichnete Methode, um die emotionale Intelligenz und Empathie Ihres Kindes zu fördern. Sie können verschiedene Alltagssituationen oder auch fiktive Szenarien wählen, um bestimmte Gefühle oder Verhaltensweisen zu erkunden. Hier einige Anregungen:

Der verlorene Teddy

Ein Kind hat seinen Teddy verloren und ist sehr traurig. Wie tröstet man es?

Der erste Schultag

Aufregung, Nervosität und vielleicht auch Freude – wie geht man mit diesen gemischten Gefühlen um?

Streit unter Freunden

Zwei Freunde haben sich gestritten. Wie kann man den Streit schlichten?

Der kranke Großvater

Ein Familienmitglied ist krank. Wie zeigt man Mitgefühl und Unterstützung?

Das zerbrochene Spielzeug

Ein Spielzeug ist kaputt gegangen. Wie reagiert man, ohne wütend zu werden?

Hinweise, wie Sie Ihr Kind dabei unterstützen können, sich in andere hineinzuversetzen und Empathie zu entwickeln

Zur Erinnerung:
Empathie ist die Fähigkeit, sich in die Gefühle und Gedanken anderer hineinzuversetzen. Rollenspiele bieten eine sichere Plattform, um diese wichtige soziale Kompetenz zu üben.

Hier einige Tipps, wie Sie Ihr Kind dabei unterstützen können:

Aktives Zuhören

- Zeigen Sie Ihrem Kind, wie man aufmerksam zuhört, indem Sie Augenkontakt halten und nickend oder mit kurzen verbalen Bestätigungen reagieren. Paraphrasieren Sie die Äußerungen Ihres Kindes, um sicherzustellen, dass Sie verstanden haben, was es Ihnen mitteilen möchte.

Gefühle benennen

- Helfen Sie Ihrem Kind, die Emotionen, die im Spiel vorkommen, zu benennen. Das erweitert seinen emotionalen Wortschatz und fördert das Verständnis für die Gefühle anderer.

Perspektivwechsel

- Ermutigen Sie Ihr Kind, die Rollen zu tauschen. So lernt es, die Welt aus verschiedenen Blickwinkeln zu sehen.

Zusammenfassung

Die ersten fünf Tage der Challenge haben einen soliden Grundstein für die emotionale Entwicklung Ihres Kindes gelegt. Von der spielerischen Erkundung von Emotionen im Memory-Spiel bis hin zur tiefen Reflexion im Gefühls-Tagebuch – jede Aktivität hatte ihren eigenen Wert und ihre eigene Bedeutung. Sie haben nicht nur die emotionale Intelligenz Ihres Kindes gefördert, sondern auch die Bindung zwischen Ihnen beiden gestärkt. Die Reflexionsfragen und Gespräche, die nach jeder Aktivität geführt wurden, haben nicht nur das Bewusstsein für die eigenen Emotionen erhöht, sondern auch die Kommunikation zwischen Ihnen und Ihrem Kind vertieft. Ob beim Malen, Schreiben oder Spielen, jede Aktivität bot eine Gelegenheit, mehr über die Gefühlswelt Ihres Kindes zu erfahren und darüber, wie es diese interpretiert. Die kommenden Tage der Challenge werden auf diesen Erfahrungen aufbauen und weitere Aspekte der Selbstregulation und emotionalen Intelligenz fördern. Seien Sie gespannt auf neue Aktivitäten und Übungen, die nicht nur Spaß machen, sondern auch wertvolle Lebenskompetenzen vermitteln. Mit diesem Momentum geht es nun in die nächste Phase der Challenge, in der weitere spannende und lehrreiche Aktivitäten auf Sie und Ihr Kind warten. Die Reise der emotionalen und persönlichen Entwicklung ist lang und stetig, aber jede einzelne Station ist es wert, erlebt zu werden.

Tag 6–10: Achtsamkeit und Fokus stärken

Nachdem die ersten fünf Tage der Challenge den Schwerpunkt auf das Erkennen und Ausdrücken von Emotionen gelegt haben, widmen Sie sich nun der Stärkung von Achtsamkeit und Fokus. Diese Fähigkeiten tragen dazu bei, dass Ihr Kind in der Schule und im Leben erfolgreich ist. Achtsamkeit hilft, den gegenwärtigen Moment wahrzunehmen und sich nicht von Ablenkungen überwältigen zu lassen. Fokus ermöglicht es, Aufgaben mit Konzentration und Hingabe zu erledigen. In den nächsten fünf Tagen werden verschiedene Aktivitäten und Übungen vorgestellt, die Achtsamkeit und Fokus in den Mittelpunkt rücken. Von der Naturbeobachtung bis zu Atemübungen – jede Aktivität ist darauf ausgerichtet, diese wichtigen Fähigkeiten zu fördern und in den Alltag zu integrieren. Wie auch in den vorherigen Tagen sind die Anleitungen für die Spiele und Übungen bereits im Buch enthalten. In diesem Abschnitt konzentrieren Sie sich auf die praktische Anwendung dieser Aktivitäten und darauf, wie sie nahtlos in Ihren Familienalltag eingebunden werden können. Nun lassen Sie uns beginnen und die nächsten fünf Tage nutzen, um Achtsamkeit und Fokus spielerisch zu stärken.

Tag 6: Naturbeobachtung

Integration in den Alltag

Die Naturbeobachtung ist eine wunderbare Möglichkeit, Achtsamkeit und Fokus zu fördern, und sie lässt sich nahtlos in den Alltag integrieren. Ein Spaziergang im Park nach der Schule, ein Wochenendausflug in den Wald oder einfach ein paar ruhige Minuten im eigenen Garten können ideale Gelegenheiten für diese Übung sein. Selbst wenn Sie in einer städtischen Umgebung leben, können Pflanzen auf dem Balkon oder Vögel am Fenster als Fokus der Beobachtung dienen.

Reflexion nach der Beobachtung

Nach der Naturbeobachtung ist es sinnvoll, einen Moment der Reflexion einzulegen. Dies hilft, die Erfahrung zu vertiefen und das Erlebte bewusst zu machen. Hier sind einige Fragen, die Sie Ihrem Kind stellen könnten:

- *Welches Element der Natur hat dich am meisten fasziniert und warum?*
- *Gab es etwas, das du vorher noch nicht bemerkt hattest?*
- *Wie hat dich die Beobachtung der Natur fühlen lassen? Entspannt, neugierig, erfreut?*
- *Konntest du während der Beobachtung deine Gedanken zur Ruhe bringen oder schweiften sie ab?*
- *Was war die interessanteste Entdeckung, die du gemacht hast?*

Diese Fragen können nicht nur dazu beitragen, die Achtsamkeit und das Bewusstsein für die Umgebung zu schärfen, sondern auch die Kommunikation zwischen Ihnen und Ihrem Kind verbessern. Sie bieten eine hervorragende Gelegenheit, mehr über die Gedanken und Gefühle Ihres Kindes zu erfahren und darüber, wie es die Welt um sich herum wahrnimmt.

Zusätzliche Tipps

Fotografieren als Erinnerung

Wenn Ihr Kind gerne fotografiert, könnte es ein Foto von dem machen, was es am meisten fasziniert hat. Dieses Foto kann später als Ausgangspunkt für weitere Gespräche dienen.

Naturtagebuch

Ein Naturtagebuch kann eine schöne Ergänzung sein. Ihr Kind könnte darin skizzieren oder schreiben, was es beobachtet hat.

Routine

Die Natur ist ständig im Wandel. Ein regelmäßiges Naturbeobachtungsritual kann dazu beitragen, diesen Wandel bewusst wahrzunehmen und die Beziehung zur Natur zu vertiefen.

Die Naturbeobachtung erfordert keine speziellen Hilfsmittel oder Vorbereitungen und ist daher leicht zugänglich. Vor allem aber bietet sie eine wertvolle Gelegenheit für qualitativ hochwertige Zeit mit Ihrem Kind, in der Sie beide nicht nur die Natur, sondern auch einander besser kennenlernen können.

Tag 7: Atemübungen gemeinsam erleben

Integration in den Alltag

Atemübungen, insbesondere die „Schmetterlingsatmung", die bereits im Buch behandelt wurde, sind ein wertvolles Werkzeug zur Förderung von Entspannung und Konzentration. Sie können zu verschiedenen Tageszeiten und in unterschiedlichen Kontexten durchgeführt werden. Ob morgens zur Einstimmung auf den Tag, nach der Schule zur Entspannung oder vor dem Schlafengehen für eine ruhige Nacht – die Möglichkeiten sind vielfältig. Sie könnten sogar einen festen „Atem-Moment" in den Tagesablauf integrieren, um die Praxis der Schmetterlingsatmung zu festigen.

Reflexion nach den Atemübungen

Nach den Atemübungen ist es sinnvoll, einen Moment der Reflexion einzulegen. Fragen Sie Ihr Kind, wie es sich vor und nach der Schmetterlingsatmung gefühlt hat. Hat es eine Veränderung in seinem Stresslevel oder seiner Konzentration bemerkt? Dies ist eine gute Gelegenheit, die Wirkung der Atemübungen zu diskutieren und eventuell Anpassungen für die nächste Runde vorzunehmen. Mögliche Fragen könnten sein:

- *Wie hast du dich vor der Schmetterlingsatmung gefühlt?*
- *Hast du während der Übung etwas Besonderes bemerkt?*
- *Wie fühlst du dich jetzt nach der Schmetterlingsatmung?*
- *Gibt es einen Unterschied in deinem Gefühl von Entspannung oder Konzentration?*
- *Würdest du gerne weitere Atemübungen ausprobieren oder bei der Schmetterlingsatmung bleiben?*

Wie fühlten sich beide während der Übung?

Es ist ebenso wichtig, Ihre eigenen Erfahrungen mit der Schmetterlingsatmung zu reflektieren. Fühlten Sie sich entspannter oder konzentrierter? Teilen Sie diese Empfindungen mit Ihrem Kind und fragen Sie es nach seinen eigenen Gefühlen. Solche Gespräche fördern nicht nur das Bewusstsein für den eigenen Körper und Geist, sondern stärken auch die emotionale Bindung zwischen Ihnen und Ihrem Kind.

Tag 8: Fokussiertes Zuhören

Integration in den Alltag

Fokussiertes Zuhören ist eine Fähigkeit, die nicht nur in der Schule, sondern auch im täglichen Leben von großem Nutzen ist. Solcherlei Übungen lassen sich leicht in den Familienalltag integrieren. Die Übung könnte beispielsweise Teil des abendlichen Rituals werden, bei dem Geschichten erzählt oder vorgelesen werden. Auch während gemeinsamer Autofahrten oder Spaziergänge bietet sich die Gelegenheit, diese Übung zu praktizieren. Ebenso kann das fokussierte Zuhören beim gemeinsamen Musikhören oder sogar beim Zubereiten des Abendessens angewendet werden, indem man sich auf die Geräusche der Zutaten und des Kochvorgangs konzentriert.

Reflexion nach der Übung

Nach der Übung des fokussierten Zuhörens ist es ratsam, eine kleine Reflexionsrunde einzulegen. Fragen Sie Ihr Kind, welche Aspekte der Geschichte oder der Geräusche es besonders bemerkt hat. Konnte es sich besser konzentrieren oder gab es Momente der Ablenkung?

Weitere Fragen zur Reflexion:

- *Welche Details der Geschichte oder der Geräusche sind dir besonders aufgefallen?*
- *Gab es Momente, in denen du abgelenkt warst? Wenn ja, was hat dich abgelenkt?*
- *Fühlst du dich jetzt ruhiger oder konzentrierter als vor der Übung?*
- *Gibt es eine bestimmte Technik, die dir beim fokussierten Zuhören geholfen hat?*
- *Würdest du diese Übung gerne regelmäßig machen?*

Wie fühlten Sie sich beide während der Übung?

Ihre eigenen Erfahrungen während dieser Übung sind ebenfalls von Bedeutung. Haben Sie festgestellt, dass Ihre Konzentration zugenommen hat oder dass Sie bestimmte Details intensiver wahrgenommen haben? Teilen Sie diese Beobachtungen mit Ihrem Kind. Dies fördert nicht nur das gegenseitige Verständnis, sondern auch die emotionale Bindung. Es ist interessant, zu sehen, wie unterschiedlich die Wahrnehmungen sein können, selbst wenn beide die gleiche Geschichte gehört oder die gleichen Geräusche wahrgenommen haben.

Tag 9: Konzentrations-Memory für die Familie

Integration in den Alltag

Das Konzentrations-Memory ist nicht nur ein Spiel für besondere Anlässe, sondern kann auch hervorragend in den Alltag integriert werden. Es bietet sich als Aktivität für den Familienabend an oder kann als Belohnung für erledigte Hausaufgaben dienen. Auch während Wartezeiten, beispielsweise beim Arzt oder auf Reisen, kann das Spiel für eine sinnvolle Beschäftigung sorgen. Eine kleine, transportable Version des Spiels kann in einer Tasche oder im Auto aufbewahrt werden, sodass es immer griffbereit ist.

Reflexion und Gesprächsanregungen nach dem Spiel

Nach dem Spiel ist es sinnvoll, einen Moment der Reflexion einzulegen. Hier einige Fragen, die zur Diskussion anregen können:

- *Welche Kartenpaare waren am einfachsten zu finden?*
- *Gab es Karten, die besonders oft vertauscht wurden? Warum könnte das so sein?*
- *Wie hat sich die Konzentration im Laufe des Spiels verändert?*
- *Gab es Momente der Frustration oder der Freude? Was hat diese ausgelöst?*

Wie fühlten sich alle während des Spiels?

Die eigenen Gefühle und die der anderen Familienmitglieder während des Spiels können ebenfalls interessante Gesprächspunkte sein. Fühlten Sie sich konzentriert und engagiert oder gab es Momente der Ablenkung? Wie hat Ihr Kind die Herausforderung erlebt? War es motiviert oder eher frustriert? Solche Gespräche können nicht nur das Bewusstsein für die eigenen emotionalen Zustände schärfen, sondern auch die Familienbindung stärken.

Tipps zur Steigerung der Konzentration

Das Konzentrations-Memory ist nicht nur ein Spiel, sondern auch ein effektives Werkzeug zur Steigerung der Aufmerksamkeit. Um den Nutzen zu maximieren, können Sie folgende Strategien einsetzen:

Zeitliche Begrenzung

Nutzen Sie eine Stoppuhr, um den Druck leicht zu erhöhen und die Konzentration zu fördern.

Schwierigkeitsgrade

Beginnen Sie mit einer geringeren Anzahl von Karten und steigern Sie die Anzahl schrittweise.

Thematische Karten

Verwenden Sie Karten mit bestimmten Themen oder Kategorien, um das Gedächtnis zusätzlich zu fordern.

Tag 10: Geschichten-Rätsel als Team

Integration in den Alltag

Geschichten-Rätsel sind eine geeignete Möglichkeit, die Zeit sinnvoll zu nutzen, sei es während der Fahrt zur Schule, beim gemeinsamen Abendessen oder als Gute-Nacht-Geschichte. Sie können auch als Belohnung für erledigte Aufgaben oder als Aktivität für verregnete Wochenenden dienen. Da die Rätsel in der Regel keine speziellen Materialien erfordern, sind sie flexibel und nahezu überall einsetzbar.

Anregungen für die Reflexion nach dem Rätsel

Nach dem Lösen des Rätsels bietet sich eine Reflexionsrunde an. Hier einige Fragen, die zur Diskussion anregen können:

- *Welcher Teil des Rätsels war am kniffligsten und warum?*
- *Welche Strategien wurden angewendet, um das Rätsel zu lösen?*
- *Gab es eine überraschende Wendung in der Geschichte? Wie hat diese die Lösungsfindung beeinflusst?*
- *Was hat das Rätsel über Teamarbeit und Zusammenarbeit gelehrt?*

Wie fühlten sich alle während des Rätsels?

Die emotionalen Erfahrungen während des Rätsels können aufschlussreich sein. War die Stimmung gespannt, aufgeregt oder fröhlich? Gab es Momente der Frustration oder der Erleichterung? Solche Gespräche können nicht nur das Bewusstsein für die eigenen Emotionen fördern, sondern auch die Bindung innerhalb der Familie stärken.

Tipps für die Auswahl und Gestaltung von Geschichten-Rätseln

- Wählen Sie Rätsel, die thematisch zu den Interessen Ihres Kindes passen, um die Motivation aufrechtzuerhalten.
- Passen Sie den Schwierigkeitsgrad des Rätsels an das Alter und die Fähigkeiten Ihres Kindes an.
- Fügen Sie Fragen oder kleine Aufgaben in die Geschichte ein, um die Beteiligung aller Familienmitglieder zu fördern.

Geschichten-Rätsel sind unterhaltsam und auch pädagogisch wertvoll. Sie fördern das logische Denken, die Problemlösungsfähigkeiten und die Teamarbeit. Durch die bewusste Auswahl und Gestaltung der Rätsel können Sie diese Aspekte noch weiter vertiefen und eine bereichernde Erfahrung für die ganze Familie schaffen.

Zusammenfassung

Rückblick: Was waren die Highlights der letzten fünf Tage?

Die vergangenen fünf Tage der Challenge standen ganz im Zeichen der Achtsamkeit und des Fokus – von der Naturbeobachtung, die die Sinne schärft und die Wertschätzung für die Umwelt fördert, bis hin zu den Atemübungen, die nicht nur Entspannung, sondern auch eine verbesserte Konzentration mit sich bringen. Das Konzentrations-Memory hat die Aufmerksamkeit auf spielerische Weise gestärkt; danach haben Geschichten-Rätsel den Abschluss gebildet, die nicht nur das logische Denken, sondern auch die Teamarbeit innerhalb der Familie gefördert haben.

Welche Fortschritte hat Ihr Kind gemacht?

Sie werden feststellen, dass Ihr Kind in verschiedenen Bereichen Fortschritte gemacht hat. Vielleicht zeigt es nun mehr Geduld beim Lösen von Problemen oder eine erhöhte Aufmerksamkeit für Details. Möglicherweise hat es auch gelernt, besser zuzuhören oder seine Emotionen während stressigen oder herausfordernden Momenten besser zu regulieren. Diese kleinen, aber signifikanten Veränderungen sind wichtige Schritte in der Entwicklung der Selbstregulationsfähigkeiten Ihres Kindes.

Vorschau: Ein kurzer Ausblick auf die nächsten Tage der Challenge

In der kommenden Woche der Challenge liegt der Fokus auf der Stärkung des Arbeitsgedächtnisses durch vielfältige Denkspiele. Sie und Ihr Kind werden die Gedächtniskapazität für Zahlenreihen spielerisch erweitern und gemeinsam Buchstabenmuster in einem Team-Puzzle lösen. Zudem werden Sie die Gelegenheit haben, das Gedächtnis für visuelle Reihenfolgen durch das Vervollständigen von Farbenfolgen zu schärfen. Wortspiele, die sowohl für Sie als auch für Ihr Kind herausfordernd sind, und musikalische Aktivitäten wie das Rhythmus-Clapping für die ganze Familie runden die Woche ab. Diese Phase der Challenge ist darauf ausgerichtet, die Konzentration zu erhöhen, das Arbeitsgedächtnis zu stärken und die Teamarbeit innerhalb der Familie zu fördern.

TAG 11–15: ARBEITSGEDÄCHTNIS TRAINIEREN MIT DENKSPIELEN

Nach einer Woche, die ganz der Schulung von Achtsamkeit und Fokus gewidmet war, öffnet sich nun ein neues Kapitel in dieser spannenden Challenge: die Stärkung des Arbeitsgedächtnisses. Dieses mentale „Klemmbrett" ist nicht nur für schulische Leistungen in Fächern wie Mathematik und Lesen unerlässlich, sondern auch für alltägliche Herausforderungen wie das Befolgen von Anweisungen oder das Organisieren von Aktivitäten.

In den nächsten fünf Tagen tauchen Sie und Ihr Kind in eine Welt voller Denkspiele und Übungen ein, die das Arbeitsgedächtnis trainieren. Da die Anleitungen für diese Aktivitäten bereits im Buch zu finden sind, liegt der Fokus hier auf der praktischen Umsetzung. Sie erfahren, wie diese Übungen nahtlos in den Familienalltag integriert werden, um die kognitive Entwicklung Ihres Kindes optimal zu fördern.

Diese Phase der Challenge bietet eine hervorragende Gelegenheit, die geistigen Fähigkeiten Ihres Kindes spielerisch zu erweitern. Dabei wird nicht nur das Arbeitsgedächtnis gestärkt, sondern auch die Beziehung zwischen Ihnen und Ihrem Kind vertieft. Freuen Sie sich auf eine spannende und lehrreiche Zeit voller neuer Herausforderungen und Möglichkeiten zur persönlichen Entwicklung für Ihr Kind und die gesamte Familie.

Tag 11: Zahlenreihe erweitern

Integration in den Alltag

Das Erweitern einer Zahlenreihe ist eine Übung, die das Arbeitsgedächtnis Ihres Kindes auf spielerische Weise fördert. Diese Aktivität lässt sich leicht in den Tagesablauf einbauen. Beispielsweise können Sie die Übung während der Fahrt zur Schule oder beim gemeinsamen Abendessen durchführen. Sie brauchen dafür nichts weiter als Ihre Stimme und die Aufmerksamkeit Ihres Kindes.

Reflexion nach der Übung

Nachdem Sie die Zahlenreihe gemeinsam erweitert haben, nehmen Sie sich einen Moment Zeit für eine Reflexionsrunde.

- *Fragen Sie Ihr Kind, wie es die Übung empfunden hat.*
- *Hat es Schwierigkeiten gehabt, sich an die Zahlen zu erinnern, oder fiel es ihm leicht?*
- *Welche Strategien hat es angewendet, um sich die Zahlenfolge zu merken*?

Diese Fragen bieten nicht nur Einblicke in die kognitiven Fähigkeiten Ihres Kindes, sondern auch in seine Problemlösungsansätze.

Weitere Fragen zur Reflexion

- *Welche Zahlen waren am einfachsten zu merken?*
- *Gab es eine bestimmte Stelle, an der die Übung komplizierter wurde?*
- *Wie haben Sie sich während der Übung gefühlt? War es stressig oder eher unterhaltsam?*

Wie fühlten Sie sich beide während der Übung?
Ihre eigenen Erfahrungen während der Übung sind ebenfalls wertvoll.

Haben Sie bemerkt, dass Ihre Geduld getestet wurde oder dass Sie selbst auch gefordert waren?

Teilen Sie diese Erfahrungen mit Ihrem Kind. Solche Gespräche fördern nicht nur das Verständnis für die eigenen mentalen Prozesse, sondern auch die emotionale Bindung zwischen Ihnen und Ihrem Kind.

Tipps zur Steigerung der Herausforderung

- Nutzen Sie eine Stoppuhr, um den Schwierigkeitsgrad zu erhöhen. Das fördert die Konzentration und macht die Übung spannender.
- Verwenden Sie Zahlenreihen, die sich auf ein bestimmtes Thema beziehen, wie die Multiplikationstabelle oder Primzahlen. Das erhöht den Lerneffekt und macht die Übung abwechslungsreicher.

Das Erweitern von Zahlenreihen erfordert minimale Vorbereitung, bringt aber maximale Ergebnisse. Vor allem bietet es eine ausgezeichnete Gelegenheit, wertvolle Zeit mit Ihrem Kind zu verbringen und dabei seine kognitiven Fähigkeiten zu fördern.

Tag 12: Buchstaben-Puzzle als Team

Integration in den Alltag

Das Lösen eines Buchstaben-Puzzles stärkt sowohl das Arbeitsgedächtnis als auch die Teamfähigkeiten und lässt sich bequem in den Familienalltag einbinden. Ob beim gemeinsamen Frühstück, als Pause während der Hausaufgaben oder als entspannte Abendbeschäftigung – die Möglichkeiten sind vielfältig. Alles, was Sie brauchen, sind Papier und Stift.

Reflexion nach der Übung

Nach dem Lösen des Puzzles ist es sinnvoll, einen Moment der Reflexion einzulegen.

- *Fragen Sie Ihr Kind, wie es die Übung erlebt hat.*
- *Welche Buchstaben oder Wörter waren am einfachsten oder schwierigsten?*
- *Welche Strategien hat es angewendet, um das Puzzle zu lösen?*

Diese Reflexionsfragen bieten nicht nur wertvolle Einblicke in die Denkprozesse Ihres Kindes, sondern fördern auch dessen Problemlösungsfähigkeiten.

Weitere Fragen zur Reflexion

- *Welche Buchstabenkombinationen haben Sie besonders herausgefordert?*
- *Gab es einen Moment, in dem eine Lösung plötzlich klar wurde?*
- *Wie haben Sie sich während der Übung gefühlt? War es eine Herausforderung oder ein Vergnügen?*

Wie fühlten Sie sich beide während der Übung?

Ihre eigenen Erfahrungen sind ebenfalls von Bedeutung.

- *Fühlten Sie sich herausgefordert oder eher amüsiert?*
- *Haben Sie neue Strategien entdeckt, um Buchstaben-Puzzles effektiver zu lösen?*

Teilen Sie diese Erkenntnisse mit Ihrem Kind. Dies fördert nicht nur die emotionale Bindung, sondern auch das gegenseitige Verständnis für die jeweiligen Denkprozesse.

Tipps für zusätzliche Herausforderungen

Wortkategorien verwenden

Wählen Sie Wörter aus bestimmten Kategorien wie Tiere, Länder oder Berufe. Dies erhöht den Lerneffekt und bringt Abwechslung ins Spiel.

Gegenseitige Kontrolle

Nachdem das Puzzle gelöst ist, können Sie und Ihr Kind die Lösungen des anderen überprüfen. Dies fördert die Aufmerksamkeit für Details und erhöht den Spaßfaktor.

Tag 13: Farbenfolgen wiederholen

Integration in den Alltag

Beim gemeinsamen Malen, beim Sortieren der Wäsche oder sogar beim Zubereiten eines bunten Salats – überall finden sich Gelegenheiten, Farbenfolgen zu erstellen und zu wiederholen. Sie benötigen dafür keine speziellen Materialien; einfache Alltagsgegenstände wie Bauklötze, Buntstifte oder Obst reichen völlig aus.

Reflexion nach der Übung

Nach der Übung ist es ratsam, einen Moment der Reflexion einzulegen. Fragen Sie Ihr Kind, wie es die Farbsequenzen erlebt hat.

- *Welche Farben waren leichter oder schwerer zu merken?*
- *Gab es eine bestimmte Reihenfolge, die besonders herausfordernd war?*

Diese Fragen fördern nicht nur das Verständnis für die eigenen Denkprozesse, sondern auch die Fähigkeit zur Selbstbeobachtung.

Weitere Fragen zur Reflexion

- *Hat die Übung Ihre Wahrnehmung für Farben verändert oder vertieft?*
- *Gab es Überraschungen während der Übung, etwa eine Farbkombination, die unerwartet schwierig oder einfach war?*
- *Wie hat die Übung die Interaktion zwischen Ihnen und Ihrem Kind beeinflusst? Fühlten Sie sich mehr als Team oder eher als Konkurrenten?*

Wie fühlten Sie sich beide während der Übung?

Ihre eigenen Erfahrungen sind ebenfalls von Bedeutung:

- *Fühlten Sie sich herausgefordert oder eher amüsiert?*
- *Haben Sie neue Strategien entdeckt, um sich Farbsequenzen effektiver zu merken?*

Teilen Sie diese Erkenntnisse mit Ihrem Kind. Dies fördert nicht nur die emotionale Bindung, sondern auch das gegenseitige Verständnis für die jeweiligen Denkprozesse.

Tipps für zusätzliche Herausforderungen

- Nutzen Sie eine Stoppuhr, um den Druck leicht zu erhöhen und die Konzentration zu fördern.
- Beginnen Sie mit einer einfachen Sequenz und steigern Sie die Komplexität schrittweise.

Das Wiederholen von Farbenfolgen trainiert das Arbeitsgedächtnis auf spielerische Weise. Durch die einfache Integration in den Alltag und die Möglichkeit zur Anpassung des Schwierigkeitsgrads ist es sowohl für Kinder als auch für Erwachsene geeignet. Es bietet zudem eine hervorragende Gelegenheit für qualitativ hochwertige Zeit mit Ihrem Kind und fördert die Entwicklung wichtiger kognitiver Fähigkeiten.

Tag 14: Wörter-Raten für Eltern und Kinder

Integration in den Alltag

Wörter-Raten ist eine Übung, die sich sehr gut in die verschiedensten Alltagssituationen integrieren lässt. Ob beim gemeinsamen Kochen, während der Autofahrt oder als lockere Aktivität an einem verregneten Nachmittag – die Gelegenheiten sind zahlreich. Sie können das Spiel auch als kleine Pause zwischen den Hausaufgaben oder als unterhaltsame Aktivität vor dem Schlafengehen nutzen.

Reflexion nach dem Spiel

Nach einer Runde Wörter-Raten ist es sinnvoll, einen Moment innezuhalten und die Erfahrung zu reflektieren. Fragen Sie Ihr Kind, welche Wörter es als besonders knifflig oder geradezu einfach empfand.

- *Welche Wörter haben Sie beide überrascht?*
- *Gab es Wörter, die unerwartete Emotionen oder Erinnerungen hervorgerufen haben?*
- *Wie haben sich die Spielrunden auf die Stimmung im Raum ausgewirkt?*

Diese Fragen bieten nicht nur Einblicke in die kognitiven Fähigkeiten, sondern auch in die emotionale Dynamik zwischen Ihnen und Ihrem Kind.

Weitere Fragen zur Reflexion

- *Welche Strategien haben Sie angewendet, um die Wörter zu erraten?*
- *Gab es Momente, in denen die Kommunikation besonders gut oder weniger gut funktionierte?*
- *Wie hat sich die Beziehung zwischen Ihnen und Ihrem Kind während des Spiels verändert? Fühlten Sie sich mehr verbunden oder gab es auch Spannungen?*

Diese Fragen zielen darauf ab, die Interaktion und die emotionalen Erfahrungen während des Spiels besser zu verstehen. Sie können auch dazu beitragen, zukünftige Runden des Spiels noch angenehmer und lehrreicher zu gestalten.

Tipps für weitere Spielrunden

- Um das Spiel interessanter zu gestalten, können Sie Themenrunden einführen. Diese bieten nicht nur Abwechslung, sondern können auch dazu beitragen, den Wortschatz Ihres Kindes in bestimmten Bereichen zu erweitern. Hier einige Vorschläge für Themenrunden:
  - Wörter, die mit verschiedenen Tierarten zu tun haben.
  - Begriffe, die Sie mit einem bestimmten Urlaubsort oder Reiseaktivitäten verbinden.
  - Wörter, die speziell mit Sommer, Herbst, Winter oder Frühling in Verbindung stehen.
  - Verschiedene Berufsbezeichnungen oder Werkzeuge, die in bestimmten Berufen verwendet werden.
  - Alles rund um Lebensmittel, Küchenutensilien oder Kochtechniken.
  - Verschiedene Sportarten, Ausrüstungen oder bekannte Sportler.
  - Instrumente, Musikstile oder berühmte Musiker und Bands.
  - Fiktive Charaktere, Filme oder Serien, die Ihr Kind gerne schaut.
  - Begriffe, die mit der Natur zu tun haben, z. B. Bäume, Blumen oder Wetterphänomene.
  - Verschiedene Emotionen oder Zustände des Wohlbefindens.
- Setzen Sie ein Zeitlimit für jede Runde, um den Nervenkitzel zu erhöhen und die Konzentration zu fördern.
- Führen Sie ein Punktesystem ein, um den Fortschritt sichtbar zu machen. Dies kann besonders motivierend für Ihr Kind sein und den Ehrgeiz ein wenig anstacheln.

Diese Aktivität dient auch als effektives Mittel zur Verbesserung der Sprachkompetenz und des Arbeitsgedächtnisses. Zudem schafft sie einen Rahmen für wertvolle gemeinsame Momente und stärkt die verbale Interaktion zwischen Ihnen und Ihrem Kind.

Tag 15: Rhythmus-Clapping als Familie

Integration in den Alltag

Rhythmus-Clapping fördert die auditive Wahrnehmung, die Hand-Auge-Koordination und das Rhythmusgefühl. Ob beim gemeinsamen Kochen, während einer Autofahrt oder als kleine Pause zwischen den Hausaufgaben – die Möglichkeiten sind vielfältig. Sie könnten sogar einen festen „Rhythmus-Clapping-Moment" etablieren, um die Übung regelmäßig zu praktizieren.

Reflexion nach der Übung

Nach dem Rhythmus-Clapping ist es sinnvoll, einen Moment der Reflexion einzulegen. Fragen Sie Ihr Kind, wie es die Klatschrhythmen erlebt hat.

- *Welche Rhythmen waren am einfachsten oder am schwierigsten nachzuklatschen?*
- *Gab es einen Rhythmus, der besonders viel Spaß gemacht hat?*

Weitere Fragen zur Reflexion

- *Welche Rhythmen haben Sie selbst als anspruchsvoll empfunden?*
- *Gab es einen Rhythmus, der Ihnen besonders gut gefallen hat?*
- *Wie haben Sie sich während der Übung gefühlt?*
- *War es eher anstrengend oder belebend?*

Diese Fragen dienen nicht nur der Selbstbeobachtung, sondern auch der Vertiefung des Verständnisses für Musik und Rhythmus.

Wie fühlten sich alle während der Übung?

Ihre eigenen Gefühle während dieser Übung sind ebenfalls von Bedeutung.

Haben Sie sich im Rhythmus verloren oder waren Sie ganz bei der Sache?
Teilen Sie diese Erfahrungen mit Ihrem Kind. Solche Gespräche fördern nicht nur das Bewusstsein für Musik und Rhythmus, sondern stärken auch die emotionale Bindung zwischen Ihnen und Ihrem Kind.

Praktische Tipps

- Um die Übung spannender zu gestalten, können Sie verschiedene Instrumente wie Trommeln oder Rasseln einbeziehen.
- Versuchen Sie, das Tempo zu variieren. Ein schnellerer oder langsamerer Rhythmus kann die Übung interessanter machen.
- Nutzen Sie Ihr Smartphone, um die Rhythmen aufzunehmen und später gemeinsam anzuhören. Das dient nicht nur der Reflexion, sondern auch der Verbesserung der Fähigkeiten.

Das Rhythmus-Clapping ist eine vielseitige Übung, die sowohl die kognitiven als auch die emotionalen Fähigkeiten fördert.

Zusammenfassung

Rückblick: Was haben die letzten Tage gebracht?
Die vergangenen Tage waren eine spannende Reise durch verschiedene Übungen, die von Rhythmus-Clapping bis hin zu Wörter-Raten reichten. Jede dieser Aktivitäten hatte ihren eigenen Charme und Nutzen. Beim Rhythmus-Clapping etwa ging es um die Förderung der auditiven Wahrnehmung und der Hand-Auge-Koordination. Wörter-Raten wiederum bot eine Plattform, um Sprachfähigkeiten und Arbeitsgedächtnis auf spielerische Weise zu schärfen.

Fortschritte Ihres Kindes
Sie werden bemerken, dass Ihr Kind in verschiedenen Bereichen Fortschritte gemacht hat. Vielleicht zeigt es nun mehr Geduld beim Lösen von Problemen oder eine erhöhte Aufmerksamkeit für Details. Diese kleinen, aber signifikanten Veränderungen sind wichtige Schritte in der Entwicklung der Selbstregulationsfähigkeiten Ihres Kindes.

Vorschau: Was erwartet Sie in den nächsten Tagen?
In den kommenden Tagen der Challenge dreht sich alles um die Themen Impulskontrolle und Selbstkontrolle. Sie und Ihr Kind werden gemeinsam das Stopp-Spiel erleben, das die Impulskontrolle in den Mittelpunkt stellt. Mit der Übung „Ampel-Signale nachahmen“ wird das situationsgerechte Verhalten trainiert. „Gemeinsames Malen mit Geduld“ fördert die Teamarbeit und Geduld, während die „Spiegelübung für Selbstkontrolle“ die Beobachtung und Nachahmung von Bewegungen schult. Den Abschluss bildet „Simon sagt für Familien“, eine Übung, die Impulskontrolle und Regelbefolgung als Team fördert.

Die kommende Phase der Challenge verspricht, ebenso lehrreich und unterhaltsam zu werden wie die vorherigen Tage. Sie bietet zahlreiche Gelegenheiten zur persönlichen Entwicklung für Ihr Kind und die gesamte Familie. Freuen Sie sich auf eine spannende Zeit voller neuer Herausforderungen und Möglichkeiten!

Tag 16–20: Impulskontrolle und Selbstkontrolle meistern

Nach einer aufregenden Woche, die das Arbeitsgedächtnis und die Sprachfähigkeiten in den Vordergrund rückte, steuern Sie nun auf ein neues Ziel zu: Impulskontrolle und Selbstkontrolle. Diese Fähigkeiten sind für das schulische Lernen und das soziale Miteinander unerlässlich. Sie helfen Ihrem Kind, besser mit seinen Emotionen umzugehen und bewusstere Entscheidungen zu treffen. In den nächsten Tagen werden Sie und Ihr Kind eine Reihe von Übungen und Spielen erleben, die speziell darauf abzielen, diese Fähigkeiten zu fördern. Von Teamspielen, die die Impulskontrolle schärfen, bis hin zu kreativen Malübungen, die Geduld und Teamarbeit fördern, ist für jeden etwas dabei. Wie gewohnt sind die Anleitungen für die Spiele und Übungen bereits im Buch enthalten. Dieser Abschnitt konzentriert sich auf die praktische Anwendung dieser Aktivitäten und darauf, wie sie nahtlos in Ihren Familienalltag eingebunden werden können.

Tag 16: Stopp-Spiel im Team

Integration in den Alltag

Das Stopp-Spiel dient als praktisches Werkzeug zur Förderung der Impulskontrolle bei Ihrem Kind. Sie brauchen keine spezielle Ausrüstung oder Vorbereitung. Ein spontanes Spiel nach dem Abendessen, eine schnelle Runde während eines Spaziergangs oder sogar ein kurzes Match in der Werbepause – die Möglichkeiten sind nahezu grenzenlos.

Reflexion nach dem Spiel

Nach dem Spiel bietet sich eine Reflexionsrunde an. Hier geht es darum, das Erlebte zu vertiefen und bewusst zu machen. Fragen Sie Ihr Kind, wie es die Herausforderungen des Stopp-Spiels gemeistert hat:

- *Welche Momente haben es an seine Grenzen gebracht?*
- *Gab es Augenblicke, in denen der Drang, einfach loszulegen, überwältigend war?*

Diese Fragen helfen Ihrem Kind, ein besseres Verständnis für seine eigenen Impulse und Reaktionen zu entwickeln.

Weitere Fragen zur Reflexion

- *Welche Taktiken haben Sie angewendet, um Ihren Impuls im Zaum zu halten?*
- *Wie war Ihre emotionale Verfassung während des Spiels? Fühlten Sie sich herausgefordert oder eher amüsiert?*

Tipps für die nächste Runde

- Eine Stoppuhr erhöht den Druck ein wenig und macht das Spiel dadurch noch herausfordernder.
- Fangen Sie mit einer einfacheren Variante des Spiels an und erhöhen Sie die Komplexität nach und nach.

Das Stopp-Spiel ist leicht zugänglich und erfordert keine speziellen Vorbereitungen. Aber vor allem bietet es eine Gelegenheit für qualitativ hochwertige gemeinsame Zeit, in der Sie und Ihr Kind nicht nur die Regeln des Spiels, sondern auch einander besser kennenlernen können.

Tag 17: Ampel-Signale nachahmen

Integration in den Alltag

Das Nachahmen von Ampel-Signalen ist eine praktische Methode, um Ihrem Kind beizubringen, wie es auf verschiedene Signale reagieren und sein Verhalten situationsgerecht anpassen kann. Ob beim gemeinsamen Kochen, bei der Gartenarbeit oder während einer Autofahrt – dieses Spiel lässt sich nahezu überall und jederzeit einbinden.

Reflexion nach der Aktivität

Fragen Sie Ihr Kind, wie es die unterschiedlichen Signale wahrgenommen und interpretiert hat:

- *Gab es Signale, die leichter oder schwerer zu verstehen waren?*
- *Wie hat es sich gefühlt, als es auf die verschiedenen Farben reagieren musste?*

Diese Fragen dienen dazu, Ihrem Kind zu helfen, seine Reaktionsfähigkeit und sein Verständnis für situationsgerechtes Verhalten zu verbessern.

Weitere Fragen zur Reflexion

- *Welche Strategien haben Sie angewendet, um die Signale richtig zu interpretieren?*
- *Wie war Ihre emotionale Verfassung während des Spiels? Fühlten Sie sich sicher oder eher unsicher?*

Tipps für die nächste Runde

- Verwenden Sie unterschiedliche Töne oder Musik, um die Signale zu variieren.
- Integrieren Sie zusätzliche Farben oder Formen, um die Herausforderung zu erhöhen.

Das Spiel, bei dem Ampel-Signale imitiert werden, dient nicht nur dazu, die Reaktionsgeschwindigkeit und das situationsbedingte Verhalten Ihres Kindes zu schärfen. Es bietet auch eine Gelegenheit, die emotionale Verbindung und die Kommunikationsfähigkeiten zwischen Ihnen beiden zu stärken. Durch diese Aktivität lernt Ihr Kind, besser auf seine Umwelt zu reagieren und sich darin sicher zu bewegen.

Tag 18: Gemeinsames Malen mit Geduld

Integration in den Familienalltag

Gemeinsames Malen ist eine kreative und spielerische Methode, um Geduld und Teamarbeit zu fördern. Ob es sich um eine Nachmittagsaktivität nach der Schule handelt oder um ein entspanntes Wochenendprojekt, die Möglichkeiten zur Einbindung in den Alltag sind vielfältig. Alles, was Sie brauchen, sind Papier, Stifte und die Lust auf ein kreatives Abenteuer.

Reflexion nach der Malaktivität

Nach dem Malen ist es sinnvoll, sich einen Moment für die Reflexion zu nehmen. Fragen Sie Ihr Kind:

- *Welche Elemente des Bildes haben besonders viel Freude gemacht?*
- *Gab es Momente, in denen die Geduld auf die Probe gestellt wurde?*
- *Wie hat Ihr Kind die Teamarbeit erlebt?*

Diese Fragen geben Ihnen und Ihrem Kind wertvolle Einblicke in die eigenen Gedanken und Gefühle und fördern die Selbstwahrnehmung.

Weitere Fragen zur Reflexion

- *Welche Farben oder Formen waren besonders angenehm oder herausfordernd?*
- *Wie war die Stimmung während des Malens? Entspannt oder eher angespannt?*
- *Gibt es Aspekte, die beim nächsten Mal anders gemacht werden sollen?*

Diese zusätzlichen Fragen können helfen, die Erfahrung weiter zu vertiefen und neue Ideen für zukünftige Malprojekte zu sammeln.

Zusätzliche Anregungen

Fotodokumentation

Ein Foto des fertigen Kunstwerks kann als schöne Erinnerung dienen und zu zukünftigen kreativen Projekten inspirieren.

Malen nach Musik
Hintergrundmusik kann die kreative Atmosphäre bereichern.

Thematische Herausforderungen
Ein vorgegebenes Thema kann für zusätzliche Abwechslung und Herausforderung sorgen.

Das gemeinsame Malen kann die Beziehung zu Ihrem Kind vertiefen, während gleichzeitig Geduld und Teamarbeit gefördert werden. Es ist eine Aktivität, die Kreativität entfacht und Raum für tiefe, bedeutungsvolle Gespräche schafft.

Tag 19: Spiegelübung für Selbstkontrolle

Integration in den Familienalltag
Die Spiegelübung ist eine einfache Methode, um Selbstkontrolle und Aufmerksamkeit zu schärfen. Sie lässt sich leicht in den Tagesablauf integrieren, sei es morgens vor der Schule oder abends vor dem Schlafengehen. Sie benötigen lediglich einen Spiegel und ein paar Minuten Zeit.

Reflexion nach der Übung
Nach der Übung nehmen Sie sich einen Moment Zeit für die Reflexion. Fragen Sie Ihr Kind:

- *Wie war es, die Bewegungen zu spiegeln?*
- *Gab es Bewegungen, die schwieriger nachzuahmen waren?*
- *Wie hat sich die Konzentration während der Übung angefühlt?*

Diese Fragen bieten wertvolle Einblicke in die Selbstkontrolle und die Aufmerksamkeitssteuerung.

Weitere Reflexionsfragen

- *Welche Bewegungen haben besondere Aufmerksamkeit erfordert?*
- *Wie hat sich die Verbindung zwischen Ihnen und Ihrem Kind während der Übung angefühlt?*
- *Gab es Momente der Unsicherheit oder des Zögerns?*

Diese zusätzlichen Fragen können die Erfahrung vertiefen und bieten Anhaltspunkte für zukünftige Übungen.

Zusätzliche Anregungen

Rollentausch

Tauschen Sie die Rollen, um die Perspektive zu wechseln und die Übung abwechslungsreicher zu gestalten.

Zeitlimit

Setzen Sie ein Zeitlimit für jede Runde, um die Herausforderung zu erhöhen.

Augenkontakt

Halten Sie während der Übung Augenkontakt, um die emotionale Verbindung zu stärken.

Die Spiegelübung stellt eine ausgezeichnete Möglichkeit dar, sowohl die Selbstkontrolle als auch die Bindung zwischen Ihnen und Ihrem Kind zu intensivieren. Diese Aktivität schärft die Aufmerksamkeit und schafft Gelegenheiten für gemeinsames Nachdenken und bedeutsame Unterhaltungen.

Tag 20: Simon sagt für Familien

Integration in den Alltag

Das Spiel „Simon sagt" lässt sich leicht in den Familienalltag einbinden. Ob beim Warten an der Bushaltestelle, beim gemeinsamen Kochen oder einfach so zwischendurch – dieses Spiel bietet eine spielerische Gelegenheit, die Impulskontrolle und die Aufmerksamkeit Ihres Kindes zu fördern.

Reflexion nach der Aktivität

Nach dem Spiel ist es sinnvoll, mit Ihrem Kind über die gemachten Erfahrungen zu sprechen:

- *Welche Anweisungen waren leicht zu befolgen?*
- *Gab es Momente, in denen Ihr Kind beinahe „erwischt" wurde?*

Solche Gespräche unterstützen Ihr Kind dabei, seine Fähigkeiten zur Impulskontrolle und Aufmerksamkeit besser zu verstehen.

Weitere Fragen zur Reflexion

- *Welche Anweisungen empfanden Sie als knifflig?*
- *Wie fühlten Sie sich, wenn eine Anweisung erfolgreich befolgt wurde?*
- *War das ein Moment des Stolzes oder der Erleichterung?*

Tipps für die nächste Runde

- Ergänzen Sie das Spiel um zusätzliche Regeln oder Herausforderungen, um es spannender zu gestalten. Zum Beispiel könnten Sie eine Zeitbegrenzung einführen oder Bonuspunkte für besonders kreative Ausführungen der Anweisungen vergeben.
- Probieren Sie das Spiel in verschiedenen Umgebungen aus, um die Anpassungsfähigkeit Ihres Kindes zu fördern. Ob im Park, im Wohnzimmer oder sogar während einer langen Autofahrt – die unterschiedlichen Kontexte bieten neue Herausforderungen und Lernmöglichkeiten.

Das Spiel „Simon sagt" dient als effektives Mittel zur Förderung der Impulskontrolle und der Aufmerksamkeit Ihres Kindes. Zugleich bietet es eine Gelegenheit, die Kommunikation und die emotionale Bindung zwischen Ihnen beiden zu vertiefen.

Zusammenfassung

Rückblick: Was haben die letzten Tage gebracht?
Die vergangenen Tage waren ein aufregendes Abenteuer, das sich auf die Themen Impulskontrolle und Selbstkontrolle konzentrierte. Von gemeinsamen Stopp-Spielen bis hin zu Spiegelübungen für Selbstkontrolle, jede Übung bot eine einzigartige Gelegenheit zur Entwicklung. Beim Nachahmen von Ampel-Signalen etwa lag der Fokus auf situationsgerechtem Verhalten, während das gemeinsame Malen Geduld und Teamarbeit förderte.

Fortschritte Ihres Kindes
Sie dürften festgestellt haben, dass Ihr Kind in der Fähigkeit zur Impulskontrolle und in der Selbstregulation Fortschritte gemacht hat. Vielleicht reagiert es jetzt schneller auf Veränderungen in der Umgebung oder zeigt mehr Geduld in anspruchsvollen Situationen. Diese Fortschritte sind wertvolle Bausteine in der Entwicklung der Selbstregulationsfähigkeiten Ihres Kindes.

Vorschau: Was erwartet Sie in den nächsten Tagen?
Die nächste Phase der Challenge wird sich auf Co-Regulation und die Stärkung der Eltern-Kind-Bindung konzentrieren. Sie werden gemeinsam Gefühle im Spiel spiegeln und Entspannungsübungen durchführen. Darüber hinaus stehen Aktivitäten zur Förderung der Eltern-Kind-Bindung und kooperative Spiele auf dem Programm. Der Abschluss der nächsten Phase wird die Nutzung von Alltagsmomenten zur gemeinsamen Selbstregulation sein.

Diese kommende Woche bietet zahlreiche Möglichkeiten zur weiteren persönlichen Entwicklung für Ihr Kind und für Sie als Familie. Es erwarten Sie spannende Herausforderungen und Gelegenheiten zur Stärkung der emotionalen Bindung!

TAG 21–25: CO-REGULATION UND BINDUNG STÄRKEN

Herzlich willkommen zur nächsten Phase der Challenge! Nachdem Sie und Ihr Kind bereits eindrucksvolle Fortschritte in den Bereichen Impulskontrolle und Selbstkontrolle gemacht haben, stehen nun zwei ebenso spannende Themen auf dem Plan: Co-Regulation und die Stärkung der Eltern-Kind-Bindung. In dieser Phase tauchen Sie in Übungen ein, die darauf abzielen, die emotionale Verbindung zwischen Ihnen und Ihrem Kind zu vertiefen und gemeinsam Selbstregulationsfähigkeiten zu entwickeln.

Stellen Sie sich vor, Sie und Ihr Kind würden wie zwei Tänzer auf einer Bühne agieren, die sich gegenseitig führen und folgen. Genau darum geht es in den kommenden Tagen. Sie werden gemeinsam Emotionen im Spiel spiegeln, was die Fähigkeit zur Empathie fördert. Entspannungsübungen stehen ebenso auf dem Programm und bieten Momente der Ruhe und des Innehaltens. Darüber hinaus werden Sie Aktivitäten erleben, die speziell darauf ausgelegt sind, die Bindung zwischen Ihnen und Ihrem Kind zu stärken. Kooperative Spiele und die Nutzung von Alltagsmomenten für die gemeinsame Selbstregulation runden diese Phase ab.

Freuen Sie sich auf eine erfüllende und bereichernde Zeit, die Ihnen und Ihrem Kind nicht nur neue Fähigkeiten vermittelt, sondern auch die Qualität der Zeit, die Sie miteinander verbringen, erhöht. Lassen Sie uns ohne weitere Umschweife in diese spannende Phase eintauchen!

Tag 21: Gefühle spiegeln

Integration in den Alltag

Das Spiel „Gefühle spiegeln“ ist wie ein offenes Buch, das Sie jederzeit aufschlagen können. Ob beim gemeinsamen Frühstück, während einer gemütlichen Lesestunde oder sogar beim Zähneputzen – dieses Spiel bietet zahlreiche Gelegenheiten, die emotionale Intelligenz und Empathie Ihres Kindes zu fördern. Es ist so flexibel, dass es sich nahtlos in den Tagesablauf einfügt und gleichzeitig die emotionale Verbindung zwischen Ihnen und Ihrem Kind stärkt.

Reflexion nach der Aktivität

Nach dem Spiel nehmen Sie sich einen Moment Zeit, um mit Ihrem Kind über die Erfahrung zu sprechen:

- *Welche Emotionen waren leicht nachzuahmen?*
- *Gab es Gefühle, die Ihr Kind – oder Sie selbst – als herausfordernd empfand?*

Diese Gespräche helfen Ihrem Kind, ein besseres Verständnis für Emotionen und Empathie zu entwickeln.

Weitere Fragen zur Reflexion

- *Welche Emotionen haben Sie oder Ihr Kind überrascht?*
- *Wie hat sich die Stimmung während des Spiels verändert?*

Tipps für die nächste Runde

- Fügen Sie dem Spiel kleine Requisiten hinzu, um die Emotionen lebendiger darzustellen. Ein Hut für den „fröhlichen“ Part oder eine Decke für den „traurigen“ Moment sorgen für gelungene Abwechslung.
- Versuchen Sie, das Spiel in unterschiedlichen Szenarien durchzuführen. Ob im Freien oder in einem geschlossenen Raum, jede Umgebung bringt ihre eigenen Herausforderungen und Chancen mit sich.

Das Spiel „Gefühle spiegeln“ ist ein effektives Werkzeug, um die emotionale Intelligenz Ihres Kindes zu schärfen. Es öffnet Türen zu tieferen Gesprächen und stärkt die emotionale Verbindung zwischen Ihnen beiden. Durch diese Aktivität gewinnt Ihr Kind an Fähigkeiten, die weit über das Spiel hinausreichen und es dabei unterstützen, sich in der emotionalen Welt sicher zu bewegen.

Tag 22: Gemeinsame Entspannung durch die Schmetterlingsatmung

Integration in den Alltag

Die Schmetterlingsatmung ist eine Entspannungsübung, die sich nahtlos in den Tagesablauf einfügen lässt. Ob nach der Schule, um den Kopf freizubekommen, oder als ruhige Einheit vor dem Schlafengehen – diese Atemtechnik bietet eine Pause vom hektischen Alltag. Sie trägt nicht nur zur inneren Ruhe Ihres Kindes bei, sondern verbessert auch die Qualität der gemeinsamen Zeit.

Reflexion nach der Aktivität

Nach der Schmetterlingsatmung wäre es hilfreich, ein paar Minuten für ein Gespräch zu reservieren:

- *Hat die Schmetterlingsatmung Ihrem Kind geholfen, sich zu beruhigen?*
- *Gab es Momente, in denen die Atmung besonders harmonisch empfunden wurde?*

Durch diese Reflexion erhält Ihr Kind ein besseres Verständnis für seinen eigenen Körper und Geist.

Weitere Fragen zur Reflexion

- *Welche Gedanken kamen während der Schmetterlingsatmung auf?*
- *Hat sich die Atmosphäre im Raum nach der Übung verändert?*

Tipps für die nächste Runde

- Fügen Sie sanfte Hintergrundmusik hinzu, um die Entspannung zu vertiefen.
- Versuchen Sie, die Schmetterlingsatmung an verschiedenen Orten durchzuführen, um zu sehen, wie die Umgebung die Erfahrung beeinflusst.

Die Schmetterlingsatmung dient nicht nur der Beruhigung, sondern eröffnet auch einen Raum für Selbstreflexion und innere Balance für Ihr Kind. Diese Übung bietet zudem die Möglichkeit, die Qualität der Zeit, die Sie gemeinsam verbringen, zu erhöhen und Ihre emotionale Nähe zu vertiefen. Durch die regelmäßige Praxis dieser Atemtechnik werden sowohl das seelische als auch das körperliche Wohlbefinden gestärkt, was sich positiv auf die allgemeine Entwicklung auswirkt.

Tag 23: Bindung stärken

Integration in den Alltag

Die Bindung zwischen Ihnen und Ihrem Kind wächst stetig, und das nicht nur während spezieller Aktivitäten, sondern auch in alltäglichen Momenten. Das „Gemeinsame Malen mit Geduld" von Tag 18 ist ein gutes Beispiel für eine spezielle Aktivität, die Sie zu Hause durchführen können. Für alltägliche Momente wie einen Spaziergang bietet sich beispielsweise das „Stopp-Spiel" von Tag 16 an, das die Impulskontrolle fördert und gleichzeitig Spaß macht. Beim Zubereiten des Abendessens könnten Sie die „Ampel-Signale" von Tag 17 einbinden, um das situationsgerechte Verhalten zu trainieren. Nutzen Sie diese unterschiedlichen Gelegenheiten bewusst, um Ihre Beziehung zu stärken.

Reflexion nach der Aktivität

Nach der gemeinsamen Zeit ist es sinnvoll, ein paar Minuten für ein offenes Gespräch zu reservieren.

- *Wie haben Sie die gemeinsame Aktivität erlebt?*
- *Gab es Momente, die Ihnen besonders in Erinnerung geblieben sind?*

Solche Gespräche helfen Ihrem Kind, die Bedeutung emotionaler Verbindung und gemeinsamer Erlebnisse besser zu verstehen.

Weitere Fragen zur Reflexion

- *Was hat Ihnen an der gemeinsamen Aktivität am meisten Freude bereitet?*
- *Gibt es etwas, das Sie beim nächsten Mal anders machen möchten?*

Tipps für die nächste Runde

- Beim „Gemeinsamen Malen mit Geduld" könnten Sie die Herausforderung erhöhen, indem Sie beispielsweise mit der nicht-dominanten Hand malen. Das fördert die Feinmotorik und bringt eine spielerische Note ins Spiel.
- Für das „Stopp-Spiel" oder die „Ampel-Signale" könnten Sie die Umgebung wechseln. Wie wäre es, diese Spiele einmal im Park oder im Garten auszuprobieren? Ein Ortswechsel bringt frischen Wind in die Aktivität und bietet neue Möglichkeiten für Entdeckung und Abenteuer.

Das Vertiefen der Eltern-Kind-Bindung ist nicht nur eine Herzensangelegenheit, sondern auch ein Schlüssel zur emotionalen und sozialen Entwicklung Ihres Kindes. Durch die bewusste Zeit, die Sie miteinander verbringen, fördern Sie nicht nur die emotionale Intelligenz Ihres Kindes, sondern auch die Qualität Ihrer Beziehung zueinander.

Tag 24: Gemeinsam spielen – Kooperative Spiele zur Stärkung der Verbindung

Integration in den Alltag

Kooperative Spiele bieten eine wertvolle Plattform, um die Bindung zu Ihrem Kind zu vertiefen und soziale Kompetenzen zu entwickeln. Ein Beispiel aus unserem Buch ist das „Stopp-Spiel im Team", das bereits an Tag 16 thematisiert wurde. Diese Art von Spielen lässt sich problemlos in verschiedene Situationen des Alltags einfügen, sei es beim gemeinsamen Frühstück, auf einer Zugreise oder an einem entspannten Wochenendnachmittag.

Reflexion nach der Aktivität

Nehmen Sie sich nach dem Spiel ein paar Minuten Zeit, um mit Ihrem Kind über die Erfahrung zu sprechen.

- *Welche Teile des Spiels haben Ihnen beiden am meisten Spaß gemacht?*
- *Gab es Momente, in denen Teamarbeit besonders gefragt war?*

Diese Diskussionen unterstützen Ihr Kind dabei, die Bedeutung von Kooperation und gemeinsamen Erlebnissen zu erfassen.

Weitere Fragen zur Reflexion

- *Welche Strategien haben Sie im Spiel angewendet?*
- *Gab es Momente, die Sie als besonders verbindend empfunden haben?*

Tipps für die nächste Runde

- Fügen Sie dem „Stopp-Spiel im Team" neue Elemente hinzu, wie zum Beispiel Geräusche oder Bewegungen.
- Versuchen Sie, das Spiel in einer anderen Umgebung zu spielen, vielleicht im Garten oder im Park, um neue Herausforderungen zu schaffen.

Gemeinsames Spielen dient als wertvolle Basis, um die Bindung zu Ihrem Kind zu vertiefen. Es kreiert einen Raum für geteilte Erfahrungen und unterstützt die Entwicklung sozialer und emotionaler Kompetenzen.

Tag 25: Co-Regulation im Alltag

Integration in den Alltag

Co-Regulation im Alltag ist die Kunst, gemeinsam mit Ihrem Kind Selbstregulation zu üben. Diese Praxis lässt sich nahtlos in den täglichen Ablauf integrieren. Ob beim gemeinsamen Kochen, beim Zähneputzen oder beim Einkaufen – nutzen Sie diese Momente, um mit Ihrem Kind zu üben, wie man Emotionen steuert und auf Herausforderungen reagiert. Eine passende Übung aus unserem Buch wäre „Gefühle spiegeln", die Sie beispielsweise beim gemeinsamen Abendessen einsetzen können, um die emotionale Intelligenz und die Bindung zu fördern.

Reflexion nach der Aktivität

Nach einem Tag der Co-Regulation setzen Sie sich mit Ihrem Kind hin und reflektieren die Erfahrungen:

- *Wie hat Ihr Kind die verschiedenen Herausforderungen des Tages bewältigt?*
- *Gab es Momente, in denen es besonders ruhig oder aufgeregt war?*
- *Wie haben Sie gemeinsam auf diese Situationen reagiert?*

Diese Reflexion bietet wertvolle Einblicke in die emotionalen und sozialen Fähigkeiten Ihres Kindes.

Weitere Fragen zur Reflexion

- *Haben Sie bemerkt, dass Ihr Kind in bestimmten Situationen besser reagiert hat als in anderen?*
- *Wie haben Sie sich selbst während dieser gemeinsamen Aktivitäten gefühlt?*
- *War es für Sie eine Bereicherung oder eher eine Herausforderung?*

Tipps für die nächste Runde

- Um die Co-Regulation im Alltag weiter zu fördern, bietet sich die Einführung eines Punktesystems an. Jedes Mal, wenn Ihr Kind erfolgreich eine Selbstregulationsfähigkeit zeigt, erhält es zwei Punkte. Sollte es einmal nicht so gut klappen, gibt es immer noch einen Punkt als Anerkennung für den Versuch. Diese Punkte können auf einer speziellen Tafel oder in einem Heft festgehalten werden.
- Eine weitere Möglichkeit wäre, die Übung „Schmetterlingsatmung" von Tag 22 während des Abendrituals einzusetzen. Das fördert nicht nur die Entspannung, sondern auch die emotionale Bindung.

Co-Regulation im Alltag ist nicht nur ein Weg, die Selbstregulationsfähigkeiten Ihres Kindes zu verbessern, sondern auch ein Mittel, um die emotionale Nähe zwischen Ihnen beiden zu intensivieren. Dieser Ansatz ermöglicht gemeinsames Lernen und fördert die emotionale Intelligenz.

Zusammenfassung

Rückblick: Was waren die Highlights der letzten fünf Tage?
Die letzten fünf Tage haben Sie und Ihr Kind auf eine Reise der emotionalen Vertiefung und der Co-Regulation geführt – angefangen mit dem Spiel „Gefühle spiegeln“, das die emotionale Intelligenz und Empathie Ihres Kindes fördert, bis hin zur Schmetterlingsatmung, die für Momente der Ruhe und des Innehaltens sorgt. Kooperative Spiele wie das „Stopp-Spiel im Team“ haben nicht nur Spaß gemacht, sondern auch die sozialen Fähigkeiten und die Teamarbeit gestärkt. Die Tage waren gefüllt mit Aktivitäten, die die Bindung zwischen Ihnen und Ihrem Kind intensiviert haben und gleichzeitig praktische Anwendungen für die Selbstregulation im Alltag boten.

Welche Fortschritte hat Ihr Kind gemacht?
Die Fortschritte sind vielfältig und reichen von einer verbesserten Fähigkeit zur Empathie bis hin zu einer gesteigerten inneren Ruhe. Vielleicht hat Ihr Kind gelernt, seine Emotionen besser zu verstehen und zu artikulieren. Oder es hat neue Wege gefunden, sich in stressigen Situationen zu beruhigen. Diese Fortschritte sind nicht nur für Ihr Kind, sondern auch für die Qualität Ihrer Beziehung zueinander von Bedeutung.

Vorschau: Ein kurzer Ausblick auf die nächsten Tage der Challenge
Die nächsten Tage stehen im Zeichen der Reflexion und der langfristigen Integration der erlernten Fähigkeiten. Sie werden die Gelegenheit haben, die Fortschritte und Leistungen, die Ihr Kind und Sie erreicht haben, genauer zu betrachten. Darüber hinaus werden Sie gemeinsame Pläne für die Zukunft schmieden und die Challenge mit einer Feier der gemeinsamen Erfahrungen abschließen. Diese abschließenden Tage bieten sowohl eine Zusammenfassung als auch einen Ausblick und markieren den Übergang in einen Alltag, der durch neue Fähigkeiten und eine stärkere Eltern-Kind-Bindung bereichert ist.

Tag 26–30: Reflexion und langfristige Integration

Sie stehen nun vor den letzten Tagen dieser Challenge, einer Phase, die sich vor allem der Reflexion und der langfristigen Integration der erlernten Fähigkeiten widmet. In den kommenden Tagen werden Sie die Gelegenheit haben, die Fortschritte und Leistungen, die Ihr Kind und Sie erreicht haben, genauer zu betrachten. Dies ist nicht nur eine Zeit des Feierns, sondern auch des bewussten Innehaltens.

Ein weiterer Schwerpunkt wird der Austausch über die Bindung sein, die durch die gemeinsamen Aktivitäten gestärkt wurde. Sie werden sich darüber Gedanken machen, wie die erlernten Selbstregulationsfähigkeiten dauerhaft im Alltag verankert werden können. Darüber hinaus steht die Planung von zukünftigen gemeinsamen Aktivitäten auf dem Programm, um das Erlernte zu festigen und weiter auszubauen.

Die Challenge wird mit einem abschließenden Rückblick und einer Feier der gemeinsamen Erfahrungen abgerundet. Freuen Sie sich auf diese abschließenden Tage, die sowohl eine Zusammenfassung als auch einen Ausblick bieten. Sie markieren den Übergang von der Challenge in einen Alltag, der durch neue Fähigkeiten und eine stärkere Eltern-Kind-Bindung bereichert ist.

Tag 26: Erfolge feiern – Ein Rückblick auf Fortschritte und Leistungen

Integration in den Alltag

Heute steht die Feier der erzielten Fortschritte im Mittelpunkt. Nehmen Sie sich Zeit, um gemeinsam mit Ihrem Kind die vergangenen Tage Revue passieren zu lassen. Erstellen Sie eine kleine „Erfolgstafel“ mit Zeichnungen, Fotos oder Notizen, die die Höhepunkte der letzten Wochen festhalten. Diese Tafel kann überall im Haus aufgehängt werden, sei es im Kinderzimmer oder in der Küche, und dient als ständige Erinnerung an die gemeinsamen Erfolge.

Anleitung: Die Erfolgstafel

Die Erfolgstafel ist ein kreatives und interaktives Projekt, das die gemeinsamen Erfolge und Fortschritte sichtbar macht. Hier ist eine detaillierte Anleitung, wie Sie diese Tafel gestalten können:

Materialien:

- Ein großes Stück Pappe oder ein Korkbrett
- Farbige Stifte, Marker oder Kreide
- Fotos, die während der Challenge aufgenommen wurden
- Klebstoff oder Reißzwecken
- Dekorative Elemente wie Aufkleber, Bänder oder Glitzer

Schritte:

• Nehmen Sie die Pappe oder das Korkbrett und legen Sie es auf eine flache Oberfläche. Wenn Sie möchten, können Sie es vorab mit einer Grundfarbe bemalen oder bekleben.

• Überlegen Sie sich, welche Kategorien auf der Tafel vertreten sein sollen. Hier einige Beispiele:
- Lieblingsübungen
- Größte Herausforderungen
- Besondere Momente

• Skizzieren Sie leicht mit einem Bleistift, wo welche Kategorie und welche Elemente platziert werden sollen.

• Kleben Sie Fotos von gemeinsamen Aktivitäten oder besonderen Momenten in die entsprechenden Bereiche. Wenn Sie keine Fotos haben, können Sie auch kleine Notizen oder Zeichnungen verwenden, die die Erlebnisse symbolisieren.

• Nutzen Sie farbige Stifte oder Marker, um die Fotos und Notizen zu beschriften. Fügen Sie erklärende Worte oder kurze Sätze hinzu, die den Kontext oder die Bedeutung des jeweiligen Elements verdeutlichen.

• Lassen Sie Ihrer Kreativität freien Lauf und schmücken Sie die Tafel mit Aufklebern, Bändern oder Glitzer. Dies macht die Tafel noch ansprechender und individueller.

• Sobald die Tafel fertig ist, nehmen Sie sich einen Moment Zeit, um sie gemeinsam mit Ihrem Kind zu betrachten. Sprechen Sie über die verschiedenen Elemente und darüber, was sie für Sie beide bedeuten.

• Finden Sie einen geeigneten Platz in Ihrem Zuhause, an dem die Tafel für alle sichtbar ist. So dient sie als tägliche Erinnerung an die positiven Erfahrungen und Fortschritte, die Sie gemeinsam gemacht haben.

Die Erfolgstafel ist nicht nur ein schönes Andenken, sondern auch ein motivierendes Instrument, das die positiven Aspekte der gemeinsamen Zeit hervorhebt und für zukünftige Aktivitäten inspiriert.

Reflexion nach der Aktivität

Nachdem die „Erfolgstafel" fertig ist, setzen Sie sich mit Ihrem Kind hin und sprechen über die einzelnen Elemente.

• *Welche Aktivitäten haben besonders viel Freude bereitet?*

• *Gab es Übungen, bei denen Ihr Kind überraschend gut abgeschnitten hat?*

Diese Reflexion hilft, die erzielten Fortschritte bewusst wahrzunehmen und das Selbstbewusstsein Ihres Kindes zu stärken.

Weitere Fragen zur Reflexion

- *Welche Fähigkeiten hat Ihr Kind durch die Challenge verbessert?*
- *Gab es Momente, die für Sie beide besonders bedeutsam waren?*

Tipps für die nächste Runde

- Fügen Sie der Erfolgstafel in den kommenden Wochen weitere Elemente hinzu. So wird sie zu einem lebendigen Dokument der Entwicklung.
- Nutzen Sie die Erfolgstafel als Anlass, um kleine Belohnungen für erreichte Meilensteine zu vergeben. Ein gemeinsamer Ausflug oder ein besonderes Abendessen können hierfür gute Anlässe sein.

Das Feiern der Erfolge hebt die positiven Veränderungen im Leben Ihres Kindes und in Ihrer Beziehung zueinander hervor. Diese Momente der Anerkennung fördern ein Gefühl der Zufriedenheit und des Stolzes, das als Antrieb für kommende Herausforderungen dient.

Tag 27: Reflexion der Bindung

Integration in den Alltag

Heute steht die Reflexion der Bindung zwischen Ihnen und Ihrem Kind im Mittelpunkt. Nehmen Sie sich Zeit, um gemeinsam über die vergangenen Wochen zu sprechen. Die Möglichkeiten für diese gemeinsame Reflexion sind vielfältig:

- Unternehmen Sie einen gemeinsamen Spaziergang und nutzen Sie die frische Luft und die Bewegung, um in einem entspannten Rahmen über Ihre Erlebnisse zu sprechen.
- Setzen Sie sich bei einer warmen Tasse Tee zusammen und tauschen Sie sich in gemütlicher Atmosphäre aus.
- Während Sie gemeinsam malen oder zeichnen, können Sie über Ihre Gefühle und Gedanken sprechen. Die kreative Tätigkeit kann den Gesprächsfluss fördern.
- Schauen Sie sich gemeinsam Fotos von den Aktivitäten der letzten Wochen an. Dies kann schöne Erinnerungen hervorrufen und das Gespräch anregen.
- Während Sie gemeinsam ein einfaches Gericht zubereiten, haben Sie die Gelegenheit, in ungezwungener Atmosphäre zu plaudern.
- Integrieren Sie die Reflexion in Ihr gewohntes Abendritual, sei es beim Zähneputzen oder beim Zubettgehen.

Nutzen Sie eine dieser Gelegenheiten, um über die gemeinsamen Erlebnisse und Aktivitäten zu sprechen, die Ihre Beziehung gestärkt haben.

Reflexion nach der Aktivität

Nach diesem offenen Gespräch ist es sinnvoll, die Gedanken und Gefühle, die während der Unterhaltung aufgekommen sind, zu reflektieren.

- *Wie haben Sie die gemeinsamen Aktivitäten erlebt?*
- *Gab es Momente, die besonders in Erinnerung geblieben sind?*

Weitere Fragen zur Reflexion

- *Welche Aktivitäten haben die Bindung zwischen Ihnen und Ihrem Kind am meisten gestärkt?*
- *Gibt es etwas, das Sie beim nächsten Mal anders machen möchten?*

Tipps für die nächste Runde

- Notieren Sie sich die Aktivitäten, die besonders gut funktioniert haben, in einem gemeinsamen Tagebuch. So können Sie darauf zurückgreifen, wenn Sie nach Ideen für zukünftige gemeinsame Unternehmungen suchen.
- Überlegen Sie, wie Sie die Bindung im Alltag weiter stärken können, vielleicht durch regelmäßige „Quality-Time" (wie beispielsweise ein Spaziergang) oder durch kleine Rituale wie das gemeinsame Lesen vor dem Schlafengehen.

Das heutige Thema bietet Ihnen die Möglichkeit, die Qualität Ihrer Beziehung zu Ihrem Kind zu bewerten und gleichzeitig zu überlegen, wie Sie diese in Zukunft noch weiter vertiefen können. Es ist eine wertvolle Zeit der Reflexion, die nicht nur die emotionale Bindung stärkt, sondern auch die Grundlage für zukünftige gemeinsame Erlebnisse schafft.

Tag 28: Langfristige Integration der Selbstregulation im Alltag

Integration in den Alltag

Heute beschäftigen Sie sich mit der langfristigen Verankerung der Selbstregulationsfähigkeiten in Ihrem Alltag und dem Ihres Kindes. Es geht darum, die erworbenen Fähigkeiten und Strategien so in den Tagesablauf zu integrieren, dass sie zu einer Selbstverständlichkeit werden. Die Kunst besteht darin, die Übungen und Aktivitäten, die Sie in den letzten Wochen kennengelernt haben, in alltägliche Routinen einzubauen. Hier einige Vorschläge:

- Beginnen Sie den Tag mit einer kurzen Atemübung oder einer kleinen Achtsamkeitspraxis, um den Tag positiv zu starten.
- Nutzen Sie die Zeit auf dem Weg zur Schule für kleine Übungen zur Impulskontrolle oder für ein schnelles Spiel, das die Aufmerksamkeit fördert.
- Integrieren Sie während des Essens kleine Gesprächsrunden, in denen jeder von seinem Tag erzählt und dabei die erlernten Reflexionstechniken anwendet.
- Beim gemeinsamen Einkaufen können Sie die Planungsfähigkeiten Ihres Kindes fördern, indem Sie es die Einkaufsliste schreiben oder die Artikel im Laden suchen lassen.
- Bevor es ins Bett geht, können Sie den Tag mit einer kurzen Reflexionsrunde und einer Entspannungsübung abschließen.

Reflexion nach der Aktivität

Nachdem Sie einen Tag lang versucht haben, die Selbstregulation in den Alltag zu integrieren, setzen Sie sich mit Ihrem Kind hin und besprechen, wie es gelaufen ist.

- *Fühlte sich die Integration der Übungen natürlich an?*
- *Gab es Momente, in denen die Selbstregulation besonders hilfreich war?*
- *Welche Aktivitäten möchten Sie beibehalten und welche anpassen?*

Weitere Fragen zur Reflexion

- *Wie hat sich die Qualität Ihrer gemeinsamen Zeit durch die Integration der Selbstregulation verändert?*
- *Haben Sie neue Einsichten in die emotionalen oder sozialen Fähigkeiten Ihres Kindes gewonnen?*

Tipps für die nächste Zeit

- Erstellen Sie gemeinsam einen Wochenplan, in dem feste Zeiten für bestimmte Übungen oder Aktivitäten reserviert sind.
- Experimentieren Sie mit verschiedenen Übungen, um herauszufinden, welche am besten in Ihren Alltag passen.

Tag 29: Gemeinsame Pläne für die Zukunft schmieden

Sie sind fast am Ende dieser spannenden Challenge angelangt. Heute geht es darum, gemeinsam mit Ihrem Kind Pläne für die Zukunft zu schmieden.

- *Welche Aktivitäten und Übungen haben sich als besonders wertvoll erwiesen?*
- *Welche möchten Sie weiterhin in Ihren Alltag integrieren?*

Dies ist der Tag, an dem Sie diese Fragen beantworten und einen Plan für die kommenden Wochen und Monate erstellen.

Integration in den Alltag

Das Planen für die Zukunft kann auf verschiedene Weisen in den Alltag integriert werden:

Wochenendaktivitäten

Überlegen Sie, welche Übungen oder Spiele Sie regelmäßig am Wochenende durchführen möchten.

Familientreffen

Nutzen Sie Familientreffen als Gelegenheit, um gemeinsam zu reflektieren und neue Aktivitäten zu planen.

Kalendereinträge

Machen Sie es offiziell und tragen Sie bestimmte Aktivitäten in einen Familienkalender ein.

Erinnerungen

Setzen Sie Erinnerungen auf dem Handy oder schreiben Sie Notizen, um sich an die geplanten Aktivitäten zu erinnern.

Reflexion nach der Aktivität

Nachdem Sie Ihren Plan erstellt haben, ist es Zeit für eine Reflexion:

- *Wie fühlt es sich an, einen Plan für die Zukunft zu haben?*
- *Welche Aktivitäten freuen Sie und Ihr Kind am meisten?*
- *Gibt es Aktivitäten, die Sie vielleicht noch anpassen müssen?*
- *Wie hat die Planung Ihre Sicht auf die erlernten Fähigkeiten und Aktivitäten verändert?*
- *Welche Erwartungen haben Sie und Ihr Kind an die kommenden Wochen?*

Tipps für die nächste Zeit

- Bewahren Sie Ihren Plan an einem sichtbaren Ort auf, um regelmäßig daran erinnert zu werden.
- Seien Sie flexibel und offen für Anpassungen, denn Bedürfnisse und Routinen können sich ändern.

Tag 30: Abschluss der Challenge und gemeinsames Feiern

Herzlichen Glückwunsch, Sie haben es geschafft! Heute ist der letzte Tag der Challenge und es ist Zeit, die Reise Revue passieren zu lassen und die Erfolge gebührend zu feiern. Dieser Tag steht ganz im Zeichen der Wertschätzung für die gemeinsam verbrachte Zeit, die erlernten Fähigkeiten und die gestärkte Eltern-Kind-Bindung.

Integration in den Alltag

Das gemeinsame Feiern kann auf vielfältige Weise praktiziert werden:

Familienabend

Organisieren Sie einen besonderen Familienabend mit den Lieblingsspielen und -snacks Ihres Kindes.

Zertifikat

Erstellen Sie ein kleines „Abschlusszertifikat" als Erinnerung an die Challenge.

Fotocollage

Gestalten Sie eine Fotocollage oder ein kleines Video, das die schönsten Momente der letzten 30 Tage festhält.

Dankesbrief

Schreiben Sie sich gegenseitig einen Dankesbrief, in dem Sie Ihre Gefühle und Gedanken zum Ausdruck bringen.

Reflexion nach der Aktivität

Nach dem Feiern nehmen Sie sich einen Moment für die Reflexion:

- *Was waren die prägendsten Erlebnisse der letzten 30 Tage?*
- *Wie haben sich die Selbstregulationsfähigkeiten Ihres Kindes entwickelt?*
- *Welche Veränderungen haben Sie in Ihrer Beziehung zueinander bemerkt?*
- *Was hat Ihnen an der Challenge am meisten Freude bereitet?*
- *Welche Übungen möchten Sie und Ihr Kind in Zukunft weiterführen?*

Weiterführende Tipps

- Bewahren Sie alle erstellten Materialien und Erinnerungen in einer „Challenge-Box" auf.
- Überlegen Sie, ob Sie eine ähnliche Challenge in ein paar Monaten wiederholen möchten, um die Fortschritte zu überprüfen.

Das gemeinsame Begehen des Abschlusses dient der bewussten Wahrnehmung positiver Veränderungen und Erfolge. Es legt zudem die Grundlage für weitere Lerngelegenheiten und zukünftige Unternehmungen und schafft ein Fundament für zukünftige Abenteuer und Lernmöglichkeiten.

Ein Leben lang von der Selbstregulationschallenge profitieren

Die positiven Auswirkungen der gemeinsamen Aktivitäten in dieser Challenge werden weit über diese 30 Tage hinaus spürbar sein. Sie haben die Selbstregulationsfähigkeiten Ihres Kindes gestärkt und gleichzeitig die Bindung zwischen Ihnen beiden vertieft. Diese Erfahrungen sind wertvolle Bausteine für die emotionale und soziale Entwicklung Ihres Kindes und tragen zur Qualität Ihrer Beziehung bei.

Sie sind nun mit einer Vielzahl von Übungen, Spielen und Reflexionsfragen ausgestattet, die Sie in den Alltag integrieren dürfen. Die Herausforderung besteht darin, diese Praktiken zur Selbstregulation und Bindungsstärkung kontinuierlich umzusetzen. Machen Sie es zu einer festen Gewohnheit und Sie werden feststellen, dass die positiven Veränderungen nicht nur anhalten, sondern sich sogar verstärken.

Diese 30 Tage waren erfüllend und lehrreich. Sie haben gemeinsam gelacht, vielleicht auch einmal gestritten, aber vor allem haben Sie gemeinsam gelernt. Jeder Tag brachte neue Erkenntnisse und Möglichkeiten zur Verbesserung. Und das Beste daran: Dies ist nur der Anfang. Die Fähigkeiten und die Nähe, die Sie in dieser Zeit aufgebaut haben, werden Sie und Ihr Kind auf dem weiteren Lebensweg begleiten.

Also feiern Sie Ihre Erfolge, schätzen Sie die gewonnenen Erkenntnisse und freuen Sie sich auf all die wunderbaren Momente, die noch vor Ihnen liegen. Denn die Entwicklung der Selbstregulation und der Bindungsstärkung ist ein fortlaufender Prozess, der ein Leben lang anhält.

Quellen

Literaturverweise und -empfehlungen

• Eigenständige Kinder – entspannte Eltern von Damon Korb (2020)

• Handbook of Self-Regulation von Monique Boekaerts (1999)

• Selbstregulation erfolgreich fördern: Praxisnahe Trainingsprogramme für effektives Lernen von Meike Landmann (2007)

• Selbstregulation spielerisch fördern von Verena Vetter, Silke Hertel, Gitta Reuner, Kim Erdmann, Michaela Schäferling (2020)

• Selbstregulation spielerisch erlernen von Lorena Schönfeld (2023)

• Selbstregulation und Impulskontrolle durch Schematherapie aufbauen von Matias Valente und Yvonne Reusch (2017)

• Selbstregulation und Selbstkontrolle von Rainer Sachse (2020)